日中戦争

前線と銃後

井上寿一

講談社学術文庫

文庫版まえがき

「あなたの代表作は何ですか？」と問われて、「次回作です」と答えることができるのは、喜劇王チャールズ・チャップリンくらいだろう。私の場合はこの本である。一一年前の二〇〇七年に書いた本が最高傑作とは、残念な気持ちがなくはない。あれから今日までの単著一四冊は何だったのかということになりかねないからである。しかし本当のことだから仕方がない。

それまで私は国内外の外交史料に依拠して、日本外交史を研究していた。博士の学位論文の研究テーマは一九三〇年代の日本外交史である。そこから旧著へは大きな飛躍があった。日中戦争下の日本社会の変容を追跡することは、外交史研究ではなかった。

今から振り返れば、当時の私は歴史社会学や社会史研究の大海に迷い込んだ門外漢の雑魚一匹に等しかった。これらの先行研究への言及がないとの批判は甘んじて受けようと思う。言い訳ではなく、主要な史料の雑誌『兵隊』を読むのに夢中で、そこからわかったことをまとめたのが旧著だったからである。

刊行後、思いがけずいくつかの書評に恵まれた。なかでも『毎日新聞』（二〇〇七年八月一九日）紙上の藤森照信氏の書評は忘れがたく、感謝の気持ちで一杯である。藤森氏の書評は言う。「著者の独自性は、そうした複雑で多面的な戦争状況のなかでのふつうの人々の気持ちの動きをなんとか把《つか》まえようと努めるところにある」。今も研究の方向感覚を失いそうになると、この一節に立ち返ることにしている。

こんなこともあった。よく存じ上げている方が「あんな傑作を書いたら、もう書けなくなるのでは」と心配してくださったと人づてに聞いた。真偽のほどは定かでない。たとえ偽りであったとしても、どれほど励まされたことか。幸い今も書き続けている。

一一年も経っているのだからやむを得ないとはいえ、自己評価の最高傑作が（電子書籍版はあるものの）入手できないままになっているのは、残念無念だった。無念を晴らすことができるようになったのは、講談社の青山遊氏のおかげである。旧著の講談社学術文庫化はたいへん光栄なことであり、青山氏のご厚意に深く感謝申し上げる。

文庫化に際して、加筆・修正は単純な誤記の訂正のレベルに止めた。本書も見方によっては歴史資料になり得る。そうだとすれば迂闊に手を加えるべきでないと考えたからである。欠点も隠すことなく示すことで、判断は読者の諸兄姉に委ねたい。

一一年の間に研究は著しく進展している。旧著の刊行と前後して、笹川裕史・奥村哲『銃後の中国社会――日中戦争下の総動員と農村』（岩波書店、二〇〇七年）に接した。日中戦争下の社会の変容は、中国でも同時進行だったことに驚いた。その後の研究の進展状況は、笹川裕史編『戦時秩序に巣喰う「声」――日中戦争・国共内戦・朝鮮戦争と中国社会』（創土社、二〇一七年）で確認することができる。

より広く日中戦争史研究の概観を得るには、波多野澄雄「日本における日中戦争史研究について」（『外交史料館報』第三一号、二〇一八年）が役に立つ。

それにしても旧著を再刊する意義はあるのか。この読者からの正当な疑問に対して、著者としては意義があると答える。なぜならば旧著の刊行当時も今も日本は、日中戦争下の日本と同様に、格差社会が問題になっているからである。誰もが等しく貧しくなることで格差を是正する。このような下方平準化の方向は国民の多数の支持を得られないだろう。そうかといって社会的な格差の拡大を放置すれば、社会の活力と流動性が失われる。そのさきにあるのは、階層間対立にともなう社会の分裂と新しい階級社会の到来である。

国家による富の再分配機能の適正化と持続的な経済発展はどうすれば可能なのか。日中戦争下の日本の試みを追体験しながら、この今日的な問題を考えてみたい。

二〇一八年六月

井上寿一

目次

引用に際しては、読みやすさを優先させた。原則として、句読点を補い改めたほかに、漢字は新字体・常用漢字に、かなづかいは現代かなづかいに、それぞれ改めた。引用文中の「……」は、二三一頁と二三九頁を除いて、引用者による省略であることを示す。なお引用文中に、「狂人」など、現代では差別・偏見ととられる不適切な表現があるものの、歴史資料であることを考慮して、原文のまま引用した。

日中戦争

前線と銃後

プロローグ

日中戦争とは何だったのか？

〈日中戦争とは何だったのか？〉本書は、日中戦争が日本社会の変容に及ぼした影響を明らかにすることによって、この問いに答える試みである。

私たちはこれまで何度も〈日中戦争とは何だったのか？〉を問いなおしてきた。また今も問いなおしている。その結果、私たちは、何らかの合意できる結論に達することができたのだろうか。

たとえば盧溝橋事件である。一九三七（昭和一二）年七月七日、北京郊外の盧溝橋で起きた日中両軍の軍事衝突を直接のきっかけとして、日中全面戦争が勃発する。私たちは、この事件をどう評価すべきなのか。

日本の中国侵略を強調する立場からすると、盧溝橋事件によって戦争が全面化したのは、満州事変以来の必然の勢いだった。他方でこの事件の偶発性を重視する立場は、「戦争の拡大は、避けることができた」と主張している。

問題は、盧溝橋事件に関する事実関係を明らかにすることに止まらない。評価が対立しているのは、戦前日本の自画像が分裂しているからである。

一方の描く自画像は、対外侵略に明け暮れ、民主化が遅れた国としての戦前日本である。この立場からすれば、一九三〇年代の日本は、暗黒時代の「ファシズム」国家である。「ファシズム」国家＝日本は、必然的に満州事変から日中全面戦争へ侵略を拡大したことになる。

他方では、戦前の日本を非西欧世界で最初に近代化に成功した栄光の歴史を持つ国として肯定する立場がある。これらの人びとは、日中戦争の拡大を偶発的な日本の逸脱行動と理解し、戦争拡大の責任を中国側に求めている。

これら二つの立場は、長らく歴史教科書論争を展開してきた。この論争は不毛だった。二つの自画像が重なり合うことはなかった。〈日中戦争とは何だったのか？〉この問いに私たちは依然として、明確な答えを出せないでいる。

しかも歴史解釈をめぐる問題は、外交問題にまで発展することがある。この問題が国際問題化し、二〇〇五年に近隣諸国の反日デモを引き起こしたことは、遠い過去のことではない。私たちは日中戦争を、純粋にアカデミックな問題として論じることができない。過去は未来を規定する。日中戦争をどう理解するかは、これからの日中関係、ひいては近隣諸国関係をどうするか、その政策選択の範囲を設定するからである。

歴史解釈の問題と現実の外交の問題とが相互規定的な関係にあるのだとすれば、私たちは価値中立的な立場を装って、この問題から距離を置くのではなく、〈日中戦争とは何だったのか？〉、その答えを追求しなくてはならない。

日中戦争の戦争責任

この観点に立つと、私たちは日中戦争の戦争責任をどのように考えればよいのだろうか。日中戦争の責任を特定の個人や組織に求めるとすれば、すぐに思いつくのは軍部である。ところが現地軍は、盧溝橋事件の四日後には、停戦協定を結んでいる。盧溝橋事件は偶発的な事件だった。満州事変の直接のきっかけとなった柳条湖事件（一九三一年九月一八日の南満州鉄道の爆破事件）が関東軍による謀略だったのとは、根本的に異なっている。

陸軍中央はどうだったのか。日中戦争の拡大にもっとも強く反対していたのが参謀本部である。対ソ戦を優先する軍事戦略上、中国本土との軍事衝突を回避するのが参謀本部の軍事リアリズムだった。積極論は陸軍省である。ただし、陸軍省に中国侵略の具体的なプログラムがあったわけではない。陸軍省の立場も同様に、対ソ戦重視である。それゆえ積極論といっても、それは「一撃」で中国を倒すことで事態を早期に収拾し、あとは対ソ戦に備えることが目的だった。

実際のところ、近衛《このえ》（文麿《ふみまろ》）内閣は、いち早く不拡大方針を明らかにしている。近衛首相が平和主義者だったとは言いがたい。しかし、近衛の主観的意図が戦争の早期解決にあった

盧溝橋上の日本軍

ことは、ほとんど疑問の余地がない。近衛内閣の下で、たしかに戦争は拡大していく。しかし、この内閣が中国との和平を求めつづけたのも事実だったからである。

それでは戦前日本の最高責任者、天皇はどうだったのか。ある論者は、いくつかの事実を挙げて、昭和天皇に日中戦争の拡大の責任があったと指摘している。他の論者は別の事実を挙げて、昭和天皇には責任がなかったと反論している[1]。

天皇は、統帥大権があった以上、戦争の拡大を防ぐことができたはずだ。この主張は、明治憲法に関する初歩的な誤りをおかしている。明治憲法の制定者たちは、天皇に具体的な政策判断の責任が及ばないように、天皇親政を否定することで、天皇の「神聖不可侵」性を守ろうとしたからである。

ところが盧溝橋事件の前年、昭和天皇は、立憲君主の立場から逸脱する言動があった。昭和一一（一九三六）年二月二六日のクーデタ事件に対する鎮圧の意思表示である。天皇の政治的意思に依存しなければ、政府は国家意思を決定できなかった。盧溝橋事件が起きたのは、明治憲法を前提とする政治体制が大きく揺らいでいる時だった。

他方で政党や国民は、戦争に反対するどころか、自発的な戦争協力をおこなっている。政党のなかでも、労働者や農民の党だったはずの無産政党が、政友会や民政党に先がけて、いち早く戦争に協力する積極的な姿勢をとった。

国民も戦争に協力している。国家が国民をマインドコントロールしていたからではない。これまでの研究によれば、昭和七（一九三二）年五月の政友会の犬養《いぬかい》（毅《つよし》）内閣崩壊後も、国民は政党内閣の復活を望み、昭和一一（一九三六）年二月、昭和一二（一九三七）年四月と総選挙のたびごとに、民政党に第一党の地位を与え、社会大衆党を躍進させた。社会民主主義的な改革を目標に掲げる「昭和デモクラシー」が確実に進展していた。[2]

盧溝橋事件が起きたのは、「昭和デモクラシー」が発展する過程においてである。[3]したがって、この事件をきっかけとして、国家が急に国民をマインドコントロールできるようになるはずがなかった。国民の戦争協力は、国家が強制したのではなく、まちがいなく自発的なものだった。

労働者が、農民が、女性が、子どもが、誰もが戦争に協力した。侵略戦争に協力した以上、国民は皆、加害者である。他方で国民は、被害者でもあった。戦争は社会的弱者を直撃する。主な働き手を兵隊にとられた銃後の家族は、身内から戦死者を出し、経済的に困窮した。国家が国民の自由を奪った。「ファシズム」の重圧が国民の生活を極限まで追いつめた。

それでも日中戦争下の国民が、一方的な被害者意識を持つことはなかった。労働者は資本家に対して、農民は地主に対して、女性は男性に対して、子どもは大人に対して、それぞれが戦争をとおして自立性を獲得することに賭け金を置いたからである。国民は、被害者である前に、ましてや加害者意識を持つこともなく、戦争に協力することで、政治的、経済的、社会的地位の上昇をめざした。

社会システムの不調

戦時下日本の国内状況が以上のとおりだったとすれば、日中戦争とは、以下の指摘があてはまる戦争だった。

「戦争やジェノサイドは社会システムの不調であり、多様なファクターの累積効果として発生する。『だれか』が意図的に開始できるようなものではない[3]」。

私たちは、戦争責任を問う前に、日中戦争をめぐる「社会システムの不調」の原因を明らかにし、「多様なファクターの累積効果」として、日中戦争が拡大した過程を追跡するべきである。

本書は主にこの作業をおこなう。ついであらためて、日中戦争の戦争責任を問いなおす。そうすれば私たちは、〈日中戦争とは何だったのか?〉に答えることができるにちがいない。ただしここでは、日中戦争の法的責任、あるいは道義的責任ではなく、政治的責任、社会的責任に問題を限定している。その理由は以下のとおりである。

日本の戦争責任について、日本国内では、長年にわたり、多くの論者がさまざまな議論を展開してきた。その論争は、塹壕戦にも似て、両陣営ともに自己の陣地から一歩も出ることなく、むなしく砲撃をつづけたにすぎなかった。

時はいたずらに経過した。戦後五〇年を迎える頃から、直接的な戦争体験を持たない戦後世代の戦争責任が新しい争点となった。戦後世代の一部は、「私たちに戦争責任はない、私たちはまだ生まれていなかったのだから」とつっぱねた。ここまで割りきった考えを持つことはできないものの、それではどのような戦争責任を果たせばよいのか、答えを出せない別の戦後世代の人びとがいた。

他方ではっきりしない日本の態度に、近隣諸国は批判を強めた。戦後五〇年の区切りは、問題の解決をもたらさなかった。つぎの一〇年間、外交関係はかえって悪化した。

近隣アジア諸国に何らかのメッセージを発信しなくてはならないと考える私たち戦後世代にとって、戦争責任に関するつぎの主張は、ほとんど唯一の知的ブレークスルーである。「『日本人としての政治的責任』の取り方にはさまざまなかたちがあるはずだし、あってよい」[4]。

本書の目的は、この主張を手がかりに、日中戦争の政治的責任、社会的責任を問いなおすことによって、〈日中戦争とは何だったのか？〉を明らかにすることにある。この目的を達成することができれば、私たちは、戦争責任だけでなく、戦後責任の問題にも接近することが可能になるはずである。

政策対立の構図

以下では、本論への導入として、なぜ一九三〇年代の日本が「社会システムの不調」をきたしていたのか、政策対立を図式化することで、あらかじめ説明しておきたい。

この政策対立の座標軸において、縦軸は国内体制をめぐる政策の対立を表している。横軸は対外関係をめぐる政策の対立である。

縦軸の上方は、自由主義である。この場合の自由主義とは、主に経済的自由主義を指している。経済の自由放任主義、私的利益（私益）を追求する自由、経済活動における個人の自由を尊重する個人主義、これらの総称としての自由主義である。この自由主義を政治の場で実現するための重要なシステムとなったのが、政党政治である。

縦軸の下方は、全体主義である。国家による政治、経済、社会の統制、共同体主義、個人よりも全体を優先させる公的利益（公益）の重視、これらが全体主義である。

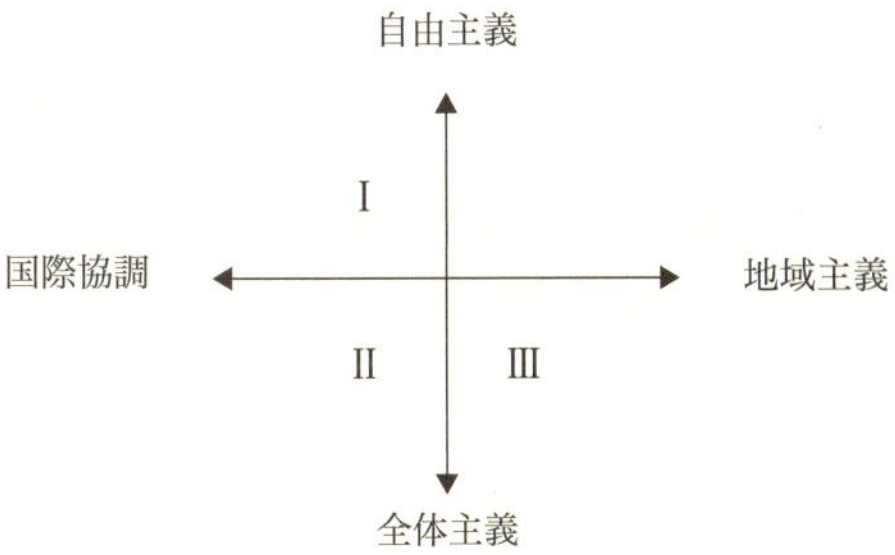

横軸の左側は、国際協調である。国際連盟、軍縮、多国間協調による国際システムの確立をめざす対外関係の方向性のことを意味している。

横軸の右側は、地域主義である。地域主義とは、地理的近接性と経済的相互補完関係を基礎とする国家間の政治的提携によって、東アジアで新しい国際システムの確立をめざす対外関係の方向性のことである。

　この座標軸のなかで、一九二〇年代の日本は、第Ⅰ象限（左上）に位置している。第一次世界大戦の戦勝国アメリカの主導する自由主義的な国際秩序に対応して、日本は国際連盟に加盟し、軍縮条約を受容し、多国間協調のネットワークに参入する。他方で、国内においては、欧米諸国と同様に、二大政党制による民主主義を確立した。日本の一九二〇年代は、平和と民主主義の時代だった。

　ところが一九二九年に世界恐慌が日本を直撃する。日本は翌年から昭和恐慌に沈んだ。日本は、座標軸の第Ⅱ象限（左下）ではなく、第Ⅲ象限（右下）の方向に、社会システムの転換を図ろうとした。

経済の自由放任主義から国家による経済の統制、計画経済体制へ、さらに政治、社会の分野にまで国家の介入を進め、私的利益を抑制して、公的利益の拡大をめざす。経済的自由主義がもたらす政治的腐敗によって堕落した政党政治を相対化し、全体に奉仕する政治システムを構築する。アメリカ主導の世界経済の自由主義化が恐慌をもたらした以上、地域主義国際秩序の確立によって、アメリカに依存しない、国家の経済的な自立を実現する。

以上のように、一九二〇年代の日本の社会システムが解体に向かい、別の社会システムの形成の過程（第Ⅰ象限から第Ⅲ象限への転換の過程）で起きたのが、満州事変であり、日中戦争だった。言い換えると、日中戦争が起きたのは、この転換の過程で日本の社会システムの不調が顕在化した結果にほかならなかった。

なぜこの転換の過程で、社会システムの不調が生まれたのか。転換を推進したのが社会民主主義勢力だったのであれば、社会システムの不調とは言わない。ところが実際には、この過程を推進したのは、侵略戦争の推進勢力（軍部、日本主義者、超国家主義者、国家社会主義諸政党など）だった。要するに、国内システムの改革を進める政治勢力は、同時に侵略戦争の推進勢力でもあった。ここに社会システムの不調が現れている。

問題が複雑だったのは、この転換過程が単線的ではなかったことである。昭和八（一九三三）年を境として、満州事変以来の対外危機が鎮静化に向かう。対外危機の鎮静化に伴って、政党内閣復活の可能性が生まれる。政党政治の復元力は脆弱ではなかった。社会民主主義を実現するうえで、政党システムの安定性が他の政治システムより相対的にすぐれていたからである。

　対外関係についても、同様のことがあてはまる。地域主義的な国際秩序の模索は、自給自足圏の確立をもたらさなかった。東アジア地域のアメリカ経済への依存が重い現実となっていたからである。アメリカ抜きで東アジア地域秩序が成立する可能性は、ほとんどなかった。このように日本の社会システムは、第Ⅰ象限への揺り返しがあった。日本社会はどの方向に進むのだろうか。

時間軸による再構成

以上のような国内状況を、時間軸で再構成し、関連事項を時系列でまとめれば、つぎのようになる。

　昭和一二（一九三七）年初頭の日中関係は、満州事変以来の危機的状況から脱却して、平穏さを回復しつつあるかにみえた。仮想敵国をソ連とする陸軍は、国防力でソ連に劣っているとの危機意識から、中国本土にみだりに手を出すことなく、中国政策を修正し、対ソ戦のための軍備の充実を優先させていた。盧溝橋事件が起きたのは、この時だった。

　日本政府の対応は、「不拡大・現地解決主義」である。現地では日中両軍が四日後の七月一一日に停戦協定を結んでいる。同じ日、近衛内閣は本土からの増派を決定する。「不拡大・現地解決主義」とは矛盾するかにみえるこの決定は、「強硬な姿勢を示せば中国側は容易に屈服する」との楽観的な見通しの下、停戦協定を確実なものとする意図があった。

しかし中国側の受け止め方はちがっていた。すでに抗日へと転換していた中国は、停戦協定を監視するためではなく、破るために日本軍が増派されたと判断して、軍事的な抵抗姿勢を強める。ここに盧溝橋事件が「北支事変」から「支那事変」へと拡大していく。

日中戦争の長期化は、国内体制の総動員化を要求した。昭和一三（一九三八）年四月、政府は国家総動員法を制定する。国家総動員法は、社会大衆党などの無産政党にとって、「社会主義の模型」だった。彼らは、この法律によって、国家が資本を統制し、富が再配分されれば、国内体制の「社会主義」化に一歩、近づくものと考えた。無産政党が国家総動員法を支持した背景には、戦争に協力する労働者や農民、女性たちがいた。それまで体制から疎外されていた社会の下層の人びとは、戦争による社会の平準化を、相対的な地位の向上のチャンスとして歓迎した。

たとえば昭和一三（一九三八）年一月の厚生省の設置は、労働力・兵力としての国民の力を強化する目的を持ちながら、事実として、部分的ながら、社会保険制度の拡充につながった。あるいは同年四月の農地調整法、翌年一二月の小作料統制令、これらの立法措置は、戦時下食糧増産のために、地主に対する小作農民の地位を相対的に向上させる結果をもたらした。また戦場に赴いた男性の代わりを女性が務めることで、女性の社会進出が目立つようになった。女性たちは、「台所からの解放」を実感することができた。

昭和一二（一九三七）年一〇月からはじまった官製国民運動、国民精神総動員運動を自発的に支えたのは、このような労働者、農民、女性たちだった。

これらの社会階層が自己の政治的要求を実現する回路として期待したのは、政党である。ただし、既成政党への強い批判を持っていた国民は、一九二〇年代の二大政党制に回帰することを望まなかった。国民は、政党組織の再編を求めた。その一つが近衛を党首とする新党構想である。近衛新党構想は実現しなかったものの、昭和一五（一九四〇）年一〇月に大政翼賛会が成立する。大政翼賛会は、「ファシズム」体制というよりも、「デモクラシー」体制だった。

以上の見取り図を携えて、これから私たちは、私たちの知らない、日中戦争下の日本にタイムスリップする。

注

1. 加藤典洋・橋爪大三郎・竹田青嗣『天皇の戦争責任』（径書房、二〇〇〇年）二一二〜二二〇頁。
2. 「昭和デモクラシー」の可能性について詳しくは、坂野潤治『昭和史の決定的瞬間』（ちくま新書、二〇〇四年）参照。

3. 内田樹『ためらいの倫理学』(角川文庫、二〇〇三年)三一〜三二頁。
4. 同前書、六三頁。

Ⅰ　章　兵士たちの見た銃後

1　銃後の退廃

ある「銃後報告」

中国との戦争を最前線で戦っていた中野実《なかのみのる》軍曹は、昭和一四（一九三九）年五月に、一時、内地に帰る機会があった。戦場の兵士たちは、だれもが等しく心配と期待を抱いていた。「自分たちの出征の時と変ったことはないか」。「銃後は緊張しているか」。戦友たちの疑いに対して、祖国から戦地に戻ってきた中野は、どのように答えたのか。「大丈夫だ、諸君銃後の人は緊張している。みんな安心して働いてくれ」。中野はこう答えるべきところをためらった。なぜならば、銃後の社会のありさまは、そうではなかったからである。

中野の目に映った農村は、緊張していた。それは「汽車の窓から眺められる、ほんの農村の瞥見からでも」わかった。中野は、農村の「力強さ」を感じることができた。しかし東京

銀座の風景（『兵隊』第25号、昭和17年9月）

については、「私には文句がある」と語気を強めた。中野はあらかじめ、「婦人の着物の色彩について、むしろ、より美しいことの方が、大いに慰さめられ、帰還の兵士にとっては、美しいことそれ自身が、何か豊かな印象を与えられて、決して咎めることではない」と銃後の豊かさを肯定しつつも、「銃後の消費者の面については、大いに不満がある」と自分の気持ちを隠さずに述べている。

　中野は東京も訪れながら、銀座を歩く気になれなかった。中野は不満をつのらせた。

「銀座などをとりあげて、腹をたてて見るほど、私も大人気なくはないのであるが、それにしても、消費階級の今次の、事変に対する認識不足は、まだまだわれわれが、どのくらい声を大にしても云い足りないように思われてならない」[1]。

　銀座は賑わっていた。兵隊の投稿雑誌のある号は、裏表紙の見返しに、銀座の写真を掲載している。正面に二人の女性、右手に柳の木、背景には服部時計店、整備された広い舗道を

銀座４丁目の交差点（昭和14年撮影）

行き交う紳士、淑女たち。[2] 銀座を象徴する服部時計店（現在の和光）のビルは、昭和七（一九三二）年に新築されている。三越が銀座四丁目の交差点に出店したのは、昭和五（一九三〇）年である。松坂屋や松屋はその前に竣工している。[3] 銀座の店舗の六〇パーセント以上が飾り窓（ショーウィンドウ）を持ち、街はいくつものネオンサインで華やいでいた。[4]

中野は銃後のありさまから、「日本という国は、一方、有難い国だと云えるのではあるが、今次事変の性質は、われわれをそんなに甘やかしてはおかぬであろう」と再確認したうえで、前線の兵士たちに向かって、「武運あって、戦地から内地へ帰還する兵隊は、それこそ銃後の最前線にたって、この銃後の指導者にたって貫いたい」と覚悟を促している。[5]

前線の兵士たちの心配は、杞憂ではなかった。彼らの期待と希望は裏切られた。銃後の緊張が都市の「消費階級」を中心に、緩んでいたからである。

	自盧溝橋事件 至昭和13年6月	自昭和13年7月 至昭和14年6月	自昭和14年7月 至昭和14年12月
慰問袋	7,873,470個	6,886,395個	3,247,877個
恤兵献金	14,396,193円	10,569,630円	2,675,982円

表1

忘れられる兵士たち

銃後の無関心と無理解は、統計によって裏づけることができる（表1）[6]。

昭和一四年七月から一二月までの数字は慰問袋、恤兵《じゅっぺい》献金（戦地の兵士への慰問金）のどちらも二倍に換算するにしても、それでも年を追うごとに減少している。この数字が正確かどうかは問題ではない。前線の兵士たちがむさぼるように読んでいた雑誌に掲載された事実を重視したい。彼らは素直にこれらの数字を「銃後国民熱誠の一端」と考えただろうか。思いは複雑だったにちがいない。

前線の兵士たちは、つねに銃後のことを気にかけていた。先に引用した中野は、現地除隊となった際に、戦友と「真剣にいろんなことを語り合った。その時話に出たのが銃後のことである。内地では酒が飲めなくなったとか、米が足りないとか、炭がないとかそういう内地からの通信が、やっぱり兵隊の気になってならない問題なのである」と記している[7]。

彼らのもとに届く情報は、銃後の経済的な逼迫を告げるものばかりだった。たとえば「最近の銃後は、今度はマッチ飢饉で弱ってるという」[8]。あるいは「白米禁止令」によって、「近く白い飯が食えなくなるということだ」[9]。

ある兵士（南支那派遣軍服部巳部隊大島辰次）は、妻から内地では小学生よりも小さな子どもたちが「古釘、鉄屑を毎日遠く迄拾いに行ったり」していることを知って、「それ程日本は非常時なのだ」と身にしみて感じている。同時に彼は、「ああ銃後が懸命の節約をして、資源愛護をするは当然の事であるが、戦地だからとて、できる丈の物資節約、資源愛護をしないでいいだろうか」と戦友たちへ反省を迫っている[10]。

戦場の兵士たちは皆、「俺達は祖国の為に生命は惜しくないし、戦闘はいくらでもやるが、日本はこんなに金を使って戦争に勝っても経済的に参ってしまうんじゃないか、と、そんなことを真面目に語っていた」[11]。

兵士たちは、膨大な軍事費が銃後の国民生活を圧迫していることに、申し訳ない気持ちにならずにはいられなかった。先の数字も、銃後の無関心や無理解ではなく、内地の経済的困窮を示している、と彼らは解釈したのかもしれない。

銃後の国民の経済生活

ところが銃後の国民の経済生活は、実際には前線の兵士たちの想像とは異なっていた。すべてが戦争に伴う経済的困窮とは限らなかった。たとえば、昭和一四（一九三九）年末に、内地では米不足が深刻化し、電力不足も表面化している。しかしこれらは同年の朝鮮における干魃《かんばつ》による米の不作と農家の売り惜しみ、また水力発電の不振によるものだった[12]。

また日中戦争の拡大によって軍事費は膨張したものの、表2が示すように、国民経済の規模も拡大している[13]。

要するにこの表は、日本経済が戦争景気で潤っていたことを示している。軍需産業を中心とする労働需要の高まりは、「完全雇用」をもたらしつつあった。労働者の賃金は上昇した。農民も同様である。農家は、戦時下であるにもかかわらず、米の売り惜しみができる程度の自立性を獲得していた。

	軍事費 (100万円)	一人当り総支出 (実質GNP、円)
昭和12年	3,441	282.44
昭和13年	6,214	284.07
昭和14年	6,769	307.57
昭和15年	8,247	312.50

表2

戦争＝好景気

戦争は「景気の異常な昂揚を齎《もた》らすもの、と考えるのが、財界一般の従来に於ける信仰であった[14]」。このように指摘する、同時代の著名なエコノミストの高橋亀吉《たかはしかめきち》によれば、「最近まで、財界人の多くは、この通念に基いて、内外政治経済の動きを判断し来った」という。

財界の判断とはどのようなものだったのか。のちに明治生命の社長の座に就く山中宏《やまなかひろし》は、当時、経営トップに資産運用についての情報を提供する業務に従事するかたわら、「財界日

いる。

「軍需部門の繁栄は平和部門の沈滞をカバーして、全体としては景気は上昇傾向をつづけて居る。これは、英米の不況と対照して興味ある現象である。而《しか》して思うに本年も亦此《この》傾向は依然として、否《いな》一層拡大された形において持続すると思われる」[15]。

国際情勢の動向が山中の楽観論を補強する。「本年の世界景気は、昨年初頭が見透しの付かぬ不況深化の中にあったのに対し、既に景気底入より上向への情勢の中に始まった」と判断する山中は、「軍拡が少なからず影響しているが、愈々《いよいよ》深化せる国際政治の対立は、本年も軍拡経済を通じて各国景気をきわめて跛行的であるにしろ上昇へ進ましめる可能性をもっていると云えよう」と見通している[16]。戦争への危機は、軍拡経済による世界的な好景気をもたらす。山中はこのように予測していた。

世界恐慌からいち早く脱却し、一九三〇年代をとおして経済成長をつづけた日本経済は、財界に「世界の三大強国として、世界的舞台で覇権を争う」との意気込みを持つまでに自信を回復させていた[17]。日中戦争に伴う国防充実が重化学工業化を促進すれば、経済成長は加速化する。このように期待する財界は、日中戦争を歓迎した。

本来、自由主義経済と統制経済とは対立するはずである。ところが当時の経済界は、重化学工業化のために、戦時統制経済が役立つと考えていた。高橋は、戦時統制の強化が経済界にもたらす好影響をつぎのように例示している。[18]

1. 原料の統制によって、原料確保の不安から解放され、原料価格の安定がコスト高による事業の圧迫を緩和する。
2. 労働力の戦時統制が、労働不安を緩和し、労賃のコスト高を軽減する。
3. 生産力拡充のために、既存の設備がフル稼働する。その結果、すぐれた設備を持つ大企業の地位がいっそう向上する。

ここに戦時統制経済の強化にもかかわらず、好景気への期待が高まった。

前線と銃後のギャップの拡大

戦時下、一方では国家が戦時統制を強化しながら、他方では景気が拡大していた。このような銃後の国民生活は、どのようなものだったのだろうか。以下では、当時、国民的な人気を博していた喜劇役者の名優、「昭和の喜劇王」古川ロッパの日記から再現してみたい。

日中戦争の拡大は、喜劇の出し物ではあっても、ロッパの出演作を戦時色の濃いものへと変えていた。たとえば「ロッパ若《も》し戦わば」(昭和一二年一一月)、あるいは「海軍のロッパ」(昭和一三年一月)、「ロッパ従軍記」(昭和一四年四月)、「陣中だより」(同年一一月)

などを演じている。

古川ロッパは、つねに客の入りを気にし、日記に詳細を記している。それらを読むと、昭和一五（一九四〇）年の五月にいたっても、連日満員だったことがわかる。時局の悪化によっても、客足は衰えなかったようである。

もっとも、戦争の影響は、直接、ロッパの舞台に及んでいた。たとえば盧溝橋事件二周年記念日の昭和一四（一九三九）年七月七日は、幕が上がるとロッパの司会で宮城遥拝と黙禱、「大日本帝国万歳三唱」ののち、はじまっている。この日も「客は、ぎっしり満員」だった。しかしロッパは「すべて気が乗らない」と記す。「今日は世の中すっかり自粛で、何もなし」だったからだろうか[19]。

ロッパには時局に迎合する出し物以外にも演目があった。たとえば昭和一四（一九三九）年一月の「新婚二人三脚」である。このプログラムは興行的には大成功を収めた。ところが警視庁から呼び出され、「此の非常時に、あんまりひどいものはいかん、今後注意せよ」と警告を受けた。いくつかの新聞が「ロッパ叱らる」と報じた。ショックを受けながらも、座に立つと、「今日も大満員」だった[20]。

古川ロッパ

たしかに国内は戦時色が日増しに強くなっていた。他方で、喜劇の舞台に庶民が押し寄せていたのも事実である。ロッパ自身、舞台がはねると、帝国ホテルや東京會舘で美食を重ね、銀座のバー「ルパン」や神楽坂へと夜の街に繰り出している。東京はいまだ物質的に豊かだった。

ロッパが警察から注意を受けた演目の原作者の名前は、中野実という。この章の冒頭で引用した南支那派遣軍の中野実軍曹のことである。じつは中野は、ユーモア作品を得意とする劇作家・脚本家として、ロッパときわめて近い関係にある人物だった。ロッパは、中野に脚本を書いてもらい、芝居の知恵を借りるといった間柄で、ロッパのもっとも信頼する人物が中野だった。

その中野に召集令状が来る。ロッパは日記に記している。

「僕らは根本に於てむろん非戦論である、それだのに、此《こ》うなって来ると、銃とって立ちたいような気分になって来る——ここが僕らの大衆性なのではあるまいか。ほんとにそう思う[21]」。

ここにはインテリの非戦論と大衆の好戦論との間にあって、あえて大衆の側に立とうとする喜劇役者の姿がある。

しかし、戦争は二人を別つことになった。中野の出征を見送るロッパは、「ガリガリ頭の中野を見ると心が苦しい」と日記に記している[22]。

約二年後、ようやく中野は帰還する。ロッパはさっそく会いに行く。ところが「中野大分心境変化したらしい[23]」。二人の間に心理的な隙間が広がっていく。ロッパは当惑した。「中野は、帰還兵らしく、ことごとく戦争の影響を受け、日本の女は戦争が分らなすぎると怒っている」。酒を飲みに行っても、「盛に又帰還兵を発揮する」といったありさまだった[24]。ロッパはついにさじを投げる。「中野の思想荒れていて、すっかり軍人なのは困る[25]」。「中野の考え方が益々堅く頑なのでクサった[26]」。銃後の豊かな消費社会のなかで生きていたロッパと、その銃後の国内社会を変革しようとする中野との間の溝は、埋めることが困難になっていく。

2　慰問袋のゆくえ

銃後の現実

ロッパと中野との間の溝は、二人の間に限ることなく、より広く、より深く、前線と銃後との間にも拡がっていた。日中戦争は、前線で悲惨な犠牲を強いながら、同時に銃後には好景気をもたらしていた。盧溝橋事件後の少なくとも三年間、銃後の国民は、「戦争は儲かる」、「景気がよくなる」と受け止めていた。

三二頁の表2が示している全体的な傾向は、たとえば大阪の市民所得の合計を昭和一二（一九三七）年の三億七七五三万円から三年後の昭和一五（一九四〇）年の九億六五〇三万円に押し上げていることと一致する。大阪市民は、増加した所得を、旅行などのレジャー費用に使っている。また大衆的な飲食店の売り上げが年三二パーセントも伸びていた。[27]

要するに戦争景気は、インフレを考慮に入れても、それ以上に国民を経済的に豊かにした。軍需産業に止まらず、景気が民生部門にも波及していたからである。

デパートの氾濫

民生部門への景気の拡大を象徴するのが、デパートの出店ラッシュだった。盧溝橋事件の前後、国会は、小売業を保護するための百貨店法を審議していた。各デパートは、法律の施行前に、既存店の床面積を広げ、支店の数を増やしている。[28] 昭和一二（一九三七）年八月には、東京だけで六〇〇人もの女性の求人があった。[29] デパートの氾濫の背景に、法律の改正だけでなく、国民の消費意欲の拡大があったことはいうまでもない。

デパートの盛況ぶりは、たとえば『朝日新聞』（昭和一二年一二月三〇日）が「戦時体制下の歳末」の見出しの記事で報じている。「歳の瀬レコードを破る」、「百貨店満悦」。「軍需景気の反映か、デパートの今年の売上げぶりは正に記録的だといわれる。新宿のAデパートでは去る十一月二十八日から始めた〝歳暮大売出し〟以来一日も欠かさず大入袋を全店員に出し……各デパートとも寧《むし》ろあきれる位売れるという……売場の盛況を映して店員控室には『全員総動員』『最高売上突破デー』等の貼紙が物々しく貼り出され、非常時招集の臨時店員を一店百名から多いところは八百五十名も使っての『戦時体制』……去る十九日と二十五日には各百貨店とも前年の記録の最高を遥に破っているという」。

ここでの戦争は、デパートの売り上げ戦争である。「非常時招集」を受けて、戦うのは兵士ではなく、店員だった。しかもこの戦争で、百貨店は連戦連勝である。戦時用語によって新聞が歳末商戦を報じているように、銃後は戦争にかこつけて、消費生活を享受していた。ここには戦争の実感はほとんどない。

慰問袋がつなぐ前線と銃後

以上のような銃後の日本社会と前線の兵士たちとをつなぐ、ほとんど唯一のコミュニケーションの手段が慰問袋だった。慰問袋に対する兵士たちの思いは、凄惨な殺戮の場には似つかわしくないナイーヴなものである。

井場部隊本部の北川徹は、兵隊の投稿雑誌に、「吾々戦地にある者が一番楽しみを以て期待し待望してるのは何んと云っても故郷便りと慰問袋だ、それも先《ま》ず自分の家からのは云う迄もないが更に第三者よりの水茎の跡婉麗な封筒だ、僕の様に初老に達した者でさえ心が躍るのを覚える」と記し、「兵隊さん、毎日み国の為めにお働き下さる皆様方を偲《しの》ぶ時、私達は何んと云って感謝の言葉を捧げていいか知りません」との手紙に接すると、「ツイ鏡の前に立って白髪を抜き度《た》くなる」という。北川はこの短文をつぎの戯《ざ》れ歌で結んでいる。「慰問文皆十八と抱きしめる」[30]。

匿名の慰問袋は、さまざまな喜劇を生んでいたようである。長屋隊本部水津林三は、戦友が女学生からの「乙女の純情を綴った文句」の最後に、「女学校の四年生位になると名前は秘密なのよ」と書いてあるのを読んで、「すっかり萎《しお》れてしまった」。しかし数日後、慰問袋のなかのタバコの中箱に住所と氏名を発見し、「驚喜して躍り上った」。「こんなのがほんとうの慰問文ではないだろうか」と水津は記している[31]。

要するに、戦場の兵士たちにとって、慰問袋とはラブレターのことであり、異性からのプレゼントに心をときめかせるという点では、平時と何ら変わるところはなかった。明日をも知れぬ戦場で、兵士たちを真に慰めたのは、このような慰問袋だった。

実際に慰問袋が取り持つ縁というのもあったようである。『朝日新聞』(昭和一三年二月一二日)の身の上相談欄には、一九歳の女性から、慰問袋をきっかけとして、二五歳の兵士と八ヵ月文通し、写真も交換した結果、求婚されたものの判断がつかない、との相談が寄せられている。

答えが「他にも同じ意味の御相談がまいっておりますので御一緒に御返事いたします」とはじまっているように、これは例外的な事例ではなかったようである。「若いあなた方が戦地にある兵隊さんの労苦を心から有難いと思いその勇ましい働きを賞讃して胸を躍らせる気持は極めて自然で、またその同情や尊敬が知らず知らず愛慕にまで成長いたすことも無理からぬことと存じます」。こう答えるのは、作家の野上弥生子《のがみやえこ》である。野上は、夏目漱石の門下生で、豊かな教養に裏付けられた、人道主義的な作家として、すでに名声を得ていた。

ここに引用したのは、野上の戦争責任を問うためではない。戦争をきっかけとして、恋愛結婚が肯定されるようになったことに注目するためである。

野上とは別の人生相談でも、回答者は、恋愛結婚を奨励している。「先生、果して恋愛などというもので結婚してもよいのでしょうか」との直截な質問に対する答えは「結婚は正しい恋愛、清い恋愛を通してやれば最も幸福です」だった。[32]この回答者は、「農村の古風な習慣に従って、恋愛結婚を恐れていた」相談者にも、恋愛相手との「愛情を固め」る努力をするように勧めている。[33]恋愛の当事者の気持を大事にするこの回答者は、「出征前の結婚は決して珍らしいことでないし、お互いの気持さえその方がよいならば、たとえ戦死しても悔いないことです」とまで言いきっている。[34]

昭和戦前期の日本においては、見合い結婚による家族制度の維持が基本だったはずである。事実、家同士のつながりから見合い結婚が七〇パーセント前後だった。恋愛結婚は一〇パーセント台である。この傾向に明確な変化が訪れるのは、昭和一六、一七年頃である。この頃を境に、見合い結婚は単線的に下降を辿り、右肩上がりとなったのが恋愛結婚だった。[35]

戦争は、事実において、戦前の家制度、家族制度を侵食しつつあった。

ただし、先の野上の答えは、戦争優先である。「何よりも先ず御国の為に捧げてある筈の生命と存じます。幸いに武運目出度《めでた》く凱旋なされた上で、あなたにも御両親にも親しくお逢いして確実にことをお決めになった方がどちらも御安心ではないでしょうか」と答えているからである。戦争による家族制度の侵食が、個人の尊重や政治的自由をすぐにもたらすことはなかった。

戦争の力学

野上の回答にみられるように、戦争の力学によって、国家は、家族制度が解体する前に、銃後を戦争に動員するために、慰問袋を政治的手段として利用していた。国家は、慰問袋に対して、たとえばつぎのような美談仕立てで政治的な機能を与えている。

『朝日新聞』（昭和一二年一一月二〇日）は、「慰問袋が結んだ一佳話／一少女と勇士／病院で感激の対面」との見出しで、「想いを戦場に再起の熱情を胸に秘めて静かに戦傷の療養につとめる勇士達を見舞うて日毎牛込の第一陸軍病院を訪れる一少女の姿」を伝えている。木下部隊小山田勝雄一等兵と精華高女附属小学校六年「福島ルリ子ちゃん」との慰問袋の手紙をきっかけとした対面から、新聞は「美《うる》わしい挿話」を作り上げた。

この新聞記事は、小山田一等兵に「一日も早く快くなって是非もう一度戦線へ行き度い」と語らせることを忘れていない。慰問袋は、兵士たちを慰めるだけではなく、ふたたび戦場へと駆り立てることになった。

女性の動員

慰問袋は、女性であれば、どのような社会階層であっても、また年齢を問わず、銃後から前線へと動員する政治的道具となった。

たとえば女学校の場合、華族の子女が通う女子学習院も例外ではなかった。昭和一三（一九三八）年二月一二日の『朝日新聞』は、「戦場・知るやこの光栄／三内親王様もお手ずから／御記名なき慰問袋」との見出しで、女子学習院からの慰問袋のなかには、照宮、孝宮、順宮の「三内親王様御直々の御筆跡や御手に触れた御品の数々を拝受しながら、それとも知らぬ光栄の勇士が含まれているわけで、畏《かしこ》き極みである」と報じている。

戦場の兵士たちにとって、宮家の子女からの慰問袋は、そうと知れても、畏れ多いばかりで、慰めとなったかはわからない。

彼らには、こちらのほうがよかったかもしれない。「銃後の女優さん／各撮影所に国婦分会／慰問袋にブロマイド希望」と報じる新聞によれば、「女優も立派な銃後の女性であらねばならないとあって、松竹大船を真先に、このところ各撮影所に続々国防婦人会が結成され」、八月一〇日には新興の大泉の女優たちが、大日本国防婦人会新興キネマ分会を発足させた。「揃いの割烹着姿」の女優約一〇〇人を前に、来賓の軍関係者は、つぎのように要望している。「慰問袋にはみなさんのブロマイドと激励の手紙を入れてやって下さい。それが兵隊さんには一番うれしいそうであります」[36]。

慰問袋を前にして、銃後の女性たちはみな平等だった。彼女たちは、慰問文をしたため、日用品や食料などを、戦場の不便を思いながら、真心込めて慰問袋につめた。それらの「前線行きの慰問袋も全国津々浦々から絶間なく頂戴し我々の手にも時々戴いて厚く感謝した」（前中支派遣軍最高指揮官山田乙三中将の談話[37]）。慰問袋は、女性を介して、戦場と銃後とを結びつけ、国民の一体感の形成を促した（はずだった）。

「〝心のこもったもの〟が欲しい」――慰問袋の現実

銃後の女性たちは、苦しい生活をやりくりしながら、慰問袋に戦場で必要な品をつめている。兵士たちは、当然のことながらそのように想像していた。しかし実際には、必ずしもそうではなかった。

慰問袋は、軍当局の示した目安によれば、一円前後で作ることができるはずだった。ところがたとえば三越デパートは、五円、四円、三円のいわば「松・竹・梅」の慰問袋セットを売っていた[38]。大阪の大丸は、一・五円、二円、二・五円、三円、四円、六円の六通りの詰め合わせがあった。これらのデパートは、慰問袋の趣旨から外れた豪華な既製品を売っていた。

その他のデパートも同様で、たとえば髙島屋（大阪）は、二階中央に特設コーナーを設け、「どんな慰問品が現地では喜ばれるか?」と新聞広告を打っている。十合（そごう）も、三月一〇日の陸軍記念日に「感謝新たに慰問袋を送りましょう」とキャンペーンを展開した。[39] 慰問袋は、デパートにとって大きなビジネスチャンスとなっていた。

戦地の兵士たちは、これらの既製品の慰問袋を、どのように受け止めていたのだろうか。慰問袋のゆくえに関して、『朝日新聞』の南京特派員は、興味深い報告を送っている。[40] その報告によれば、「銃後の赤心こめた慰問袋」は、「戦士に唯一の慰めともなり又堅忍魂の力強い糧にもなって居る」はずだった。

慰問袋の広告（『大阪朝日新聞』昭和14年8月9日）

ところが現地からはつぎのような苦情が寄せられている。「一番目立つのは内地のデパートから発送された慰問袋で、あのボール箱の八割迄は破れてしまって不完全包装の見本みたいで、是非とも銃後の人々に新聞を通じて注意して頂きたい……デパートで買った品は持帰って荷造りをし直して欲しい」。

どうやらデパートの既製品の慰問袋は、真心を込めて詰め直されていたのではなく、デパートから戦地へ直送されていたようである。

慰問袋をめぐる前線と銃後との間の溝は、深まってい

デパートの慰問品売り場

く。一年の兵役を終えて昭和一四（一九三九）年に帰還したある兵士は、内地での慰問袋のありさまに接して、つぎのように語っている。[41]「私はこの一ケ年間の変化を知りたいためにデパートへ行って見た。そこには実に見事に出征者への慰問の品々が揃えられ金額さえ言えばすっかり作って貰う事も出来る。又一年前には見られなかった様な品々が並べられてはいたが、遺憾ながら私が送りたい様な物は極めて少なかった」。

それでは本当に送ってもらいたいものは何か。「要するに何でもいいと言えばいいのだが、さて私が戦線各部隊で見聞きした気持で注文するとすれば〝心のこもったもの〟が欲しい」。

戦争景気に沸く銃後は、高価な慰問袋を送ることが可能となった。その結果、「慰問」の気持ちさえ金で買うことができた。前線の兵士たちの銃後に対する不満や不信は、確実に高まっていく。

しかも慰問袋は、三〇頁の表1で確認できるように、その数を減らしている。この減少傾向は、戦地の兵士たちが実感するようになっていた。海軍省軍事普及部の山口少佐は、「中支」戦線の視察談のなかで、「今度、私の出張で、最も感じたのは、慰問袋が非常に少なくなったことで、別に贅沢なものはいらないから慰問激励の手紙を添えて銃後から送って貰ったらどんなにか将兵の士気を揚げるだろうと思う」と語っている。[42]

戦地からの不満を受けて、翌月の新聞は、「慰問袋が近頃減ったようだが、どうしたことか――戦線から帰って来られる将星達は、きまってこのように嘆いていられるという事です。銃後の国民として、羞《はずか》しい叱責といわねばなりますまい」と反省し、軍の関係当局からの要望として、つぎのように国民に伝えている。「缶詰類等はデパートの品でよいと思いますが、一部分の品に限ってせめて中にお手製のものを入れるとか表書位は自分でするだけの誠意は示して貰いたいと思います[43]」。

形ばかりの既製品の慰問袋さえその数を減らし、豪華でなくてよいから、真心を込めたものをと軍当局が銃後の国民に要望するまでに、前線と銃後との溝は深まっていた。

もちろん新聞は、「『数が減った』とは情けない／長期戦の覚悟を示しましょう」と訴える。それではどのような慰問袋がよいのか。「慰問袋に慰問文の入っていない時、どんなに失望するか、想像以上です」と軍関係者は説明する。[44]「贅沢品だと却《かえ》って反感を買うようなこともあり、又今迄のように品物を主としたものでなくなるべく家庭的、精神的なものがよいと思います[45]」。「慰問」は買うことができない。真心が欲しい。これが兵士たちの叫びだった。

前線の兵士たちは、より直接的に不満を表現していた。「俺達は屑屋ぢゃネエ」。慰問袋を開けてみたところ、なかから昭和六（一九三一）年の婦人雑誌と古新聞が出てきた時のある兵士の嘆きである。新聞の特派員は、こうした生の声を伝えながら、「結局『気持』です。前線の兵隊さんに感謝しているというつつましやかな気持がにじみ出ておれば兵隊さんは喜ぶのです」と記し、「〝気持〟を送れ」と内地へ呼びかけた。[46] しかしその「気持」が銃後で失われていた。

帰還兵たちの疎外感

銃後の社会の退廃に憤りを隠せなかったのが、帰還兵たちである。昭和一四（一九三九）年一〇月二二日の『朝日新聞』（夕刊）は、二人の帰還兵の談話を載せている。

彼らはまず、戦地での想像と異なる銃後の現実への当惑を率直に語る。「どうも見たところ内地が変っていないというのは不思議です。戦地で様子が判らないままに、内地は困っている困っていると想像し切っていたものですから尚そう感じます」。

彼らの当惑は、すぐに内地に対する批判へと転換する。「それにしても銃後はしっかりしていなきゃ不可《いけ》ませんね」。彼らは問いただす。「銃後の緊張はどうなんですか。精神上の問題ですね」。

他方で彼らは帰還兵の疎外感を語った。「一体に若い人たちは男も女も私たちには余り関心を持っていないようですね、そう見受けられました」。同時に、内地の、とくに女性に対して、皮肉まじりの苦言を呈した。「洋装の女多勢いるのを見た時は驚きました。『なァーんだ、洋服地もこんなに多種多様にあるのか？　あちらで見た娼婦のようにケバケバしい洋装だってあるのだなァ』」。

彼らは、文字通り命をかけて守ろうとした銃後の社会生活が実際には退廃していることに落胆を隠さなかった。

しかし帰還兵たちは、内地の状況を正面から批判することができなかった。別の帰還兵が問われて、答えている。「手柄話ですか、さァ、誰にも手柄話はあると思いますが、今は語るべきときではないでしょう」。

彼はなぜ語ることをためらったのか。彼が凱旋兵ではなく、単なる帰還兵だったからである。日本は、日清・日露両戦争などのそれまでの主要な戦争に勝利していた。帰還兵は皆、凱旋兵だった。しかし今度の戦争はちがう。彼らは凱旋兵となることなく、内地に帰還せざるを得なかった。その彼らがどうして「手柄話」を語ることができただろうか。

銃後から疎外された彼らの屈折した思いは、兵士の小さなエピソードにもはっきりと表われている。

ある兵士が休暇で広東市内の書店を訪れた時のことである。彼は「彼女達〔女学校の生徒三人〕がのぞき込んでいる書物を見究めようとして顔を判然《はっき》りとその方に向けた。ところが私が全く予想もしなかった状況が生じた。彼女等三人の内の一人がかのおかっぱをさっと振ると何とも表現し難い顔で私をにらみ、つづいて他の二人も之に劣らぬまなざしを向けたのである」。

この状況を兵士は非難しないではいられなかった。「その瞳には慍《いか》りと反抗と（私なる一人の兵隊が到底ゆるし難い）あの侮蔑とがあり、その一人が発した言葉の調子には更にゆるしがたい卑賤なるものに対する貴夫人の態度があった」。

兵士は慨嘆する。「兵隊とは、もっと日本人から親しまれ、尊敬され、そして開け放しに愛されさえもして来たのではなかったろうか……この個人に対しては誰も警戒の念をいだかず、況して兵隊に対する軽蔑など微塵《みじん》も存在しなかった筈ではなかったろうか[47]」。

この一文が兵隊の投稿雑誌に掲載されたものだったことに注意したい。これは単なる私怨ではない。兵隊の気持ちを象徴する事例として、編集者が取り上げたと解釈すべきである。それほどまでに銃後への不信が高まっていた。

戦争の長期化は、前線と銃後の区別をなくし、「一億国民」は「ひとつの火の玉」になっていたはずである。しかしその銃後への不信が、戦線において、隠せなくなる。「戦場の生活の何たるやを知りもしないものが、浴衣がけで夏の夜をふらつきあるき、酒くさい息を吐きながら、そう戦線も銃後もないなどとうそぶいたなら、こんなのは見つけ次第はりとばされるのがほんとうだ。そういう言葉は銃後の個々の人々がみだりに使う言葉であってはならない……一発の弾丸もとんでこない浴衣がけに下駄ばきの戦線などありっこないのだ[48]」。前線と銃後の間には、このような断層が築かれるようになった。

彼らの不信は、想像を絶する過酷な戦場で、一挙に爆発する。昭和一四（一九三九）年五月に勃発したノモンハン事件（満州国の国境付近における日本とソ連との軍事衝突）のさなか、絶望的な戦闘をつづけながら、ある兵士は呪詛の言葉を書きつけた。[49]

「驚くことを忘れた都会人、知性の名の下にお茶ばかりのむ都会人、――どうやら私にはもうこれらの人とは縁があっても、用事はなさそうである。だが、若し生きて帰ったらちきしょう、足で踏みにじってやる」。

この兵士も含めて、前線では誰もが死ぬことを覚悟していた。その彼らが九死に一生を得て帰還することがあるとすれば、彼らは銃後を「足で踏みにじ」ることになるのだった。

3　祖国の再興を求めて

大陸から祖国へ

大陸からの帰還兵のなかに、ある小冊子を持つ者たちがいた。その小冊子とは、火野《ひの》葦平《あしへい》「戦友に愬《うった》う」である。火野は当時すでに国民的人気のベストセラー作家だった。昭和一二（一九三七）年、日中戦争に応召し、芥川賞受賞を戦地で知った火野は、従軍しながら『麦と兵隊』、『土と兵隊』、『花と兵隊』を新聞に連載する。昭和一三（一九三八）年の徐州作戦

火野葦平と中野実（『朝日新聞』昭和13年12月18日）

の従軍記『麦と兵隊』は、一〇〇万部を超えるベストセラーとなっている。火野は、中野とともに、南支那派遣軍の兵士として従軍していた。新聞は、戦場でつかの間の休息を取る二人の写真を掲載している。[50]

この小冊子のはしがきに、軍報道部長吉田栄治郎陸軍歩兵中佐はつぎのように記している。「おそらく火野軍曹が涙をのんで書いたであろう『戦友に愬う』を読んで、自分もまた思わず眼がしらの熱くなるのを禁ずることが出来なかった」。何が吉田を感動させたのだろうか。また吉田は火野の文章をとおして、帰還兵に何を託したのだろうか。[51]

火野の文章は、冒頭の切迫した部分からはじまる。「私は生意気といわれてもよい。僭越とたしなめられてもよい。戦場で長い間生死をともにして来た戦友諸士に対して、私は衷心より訴えたいことがある」。いったい火野は、帰還する戦友に向かって、何を訴えたいというのだろうか。

火野は言う、「私が最も心にかかるということは、我々兵隊が戦場を去って、再び故国の土を踏み、軍服を脱ぎ、銃をおいて、社会人にかえることについてである」。

火野は率直に述懐する。「我々はいきなり凄絶な戦場の中に投げこまれた。そこには我々が全く想像もしなかった言語に絶する苦難の道があった。……それは兵隊自身が身をもって味わい、兵隊以外のいかなる人々にも決して理解することの出来ないもの」だった。この「人間として最大の試練の中に置かれた」兵隊は、ついに困難を克服し、「見ちがえるばかりに逞しくなった」と称賛する。

他方で火野は、「日夜弾丸を浴び、泥濘と山岳と黄塵の中をのたうち、食もなく、水もなく、家もなき生活」が兵隊に及ぼした深刻な影響を指摘する。火野は大胆に表現する。「我々兵隊は言語に絶する衝動をうけて、神経に異常を来し、頭の調子が狂ってしまっている」。

このような兵隊が内地へ帰還すればどうなるのか。火野は「それは或る希望であるとともに、私には一種の胸のいたくなるような深憂ですらある」という。

「希望」とは、戦場で鍛錬され「逞しく立派」になった精神を祖国へ持ち帰り、日本が躍進するための気運にすることである。

同時に火野が憂えたのは、一つには「戦火のおさまった占領地域内に於て、残留している支那民衆に対して、幾分不遜と思える態度を以て臨む兵隊を時々見るから」だった。もう一つは、内地から来た人たちに対して、「傲然たる態度で、俺たちはお前たちのために命をすてて戦ってやったのではないか、ぐずぐずいうな」と言う兵隊がいるからだった。

たとえ一人の兵士が「一寸支那人《ちょっと》に乱暴をした」としても、「日本の兵隊は乱暴だ」ということになる。「飽くまでも戦勝者とし、征服者として、支那の民衆に対すべきではない」。このように戒めたのち、火野は訴えた。われわれは「もはや単なる個人でなく、日本である……そのことを深く自覚」すべきだ、と。

内地の人たちに対しても同様である。火野は「少々のことはしてよい」という気持ちで帰還すれば、「一切の功績が消滅してしまう」と警告した。

それゆえ火野は、帰還兵に高度の規律と倫理的な行動を要求する。「我々は兵隊となり、人間としての最大の成長を遂げた。その一個の自己の成長が直ちに国家の成長となるようでなければならない」。そして呼びかける。「帰ったら自分達の力で日本をよくしよう」。

こうして大陸の兵士たちは、火野と同じ思いを秘めながら、祖国の再興のために、帰還する。

「新しい日本人」

生還を期すことは夢にも思わなかった兵士たちが、一度捨てた命を拾って、奇跡的に帰還した。帰還兵たちは、祖国をどのように見たのだろうか。

彼らの内地への視線は複雑だった。ある帰還兵は、周囲から「きつかった事でしょう、よくやって下さいました。大変御苦労さまでした」と感謝の言葉を受けて、「なにか、ぞくぞくとする嬉しさを覚えさせた」という。

しかし当初の生還のよろこびは、ほどなくして違和感へと変わっていく。「あれは帰還兵だという、そこになにか一つのハンデキャップの感じ」を抱くようになる。彼は「少し嬉しがり過ぎていたようである」と反省する。[52]

彼にとって軍隊生活は、「美しい生活」だった。「われわれは、かつてはお互いに顔も見知らぬ者同志〔ママ〕であった。ただ赤い令状を手にして集って来て、一つのものへ統べられただけである。すると、忽《たちま》ちにして美しい生活がわれわれの間の中に営まれ始めたのである。ここには自我もなければ闇取引も掛引もない。自分というものは一人であって、しかもそれは一人ではない」。この帰還兵は、自分のことを「美しい生活をしすぎて来た幸福者」と呼んでいる。

しかしこの「美しい生活」に終止符が打たれる。彼はあらかじめ予想していた。「内地に帰えり社会の中に入って行ったら、恐らく、色んな『みにくいもの』が眼につきすぎて困るに違いないぞ」と。事実、内地は醜かった。

彼は決意する。「われわれは、戦場と銃後との両方を身をもって知っている。……ここにわれわれに課せられたる一大使命がある。われわれの責務の如何《いか》に重大であるかは、もはや言うまでもない」。

銃後における帰還兵は、どのような「一大使命」を果たさなくてはならなかったのだろうか。別の帰還兵も、同じような違和感を抱きながら、自己の使命について、思索をめぐらしていた。彼は内地にあって感じる「幸せと不幸せのくいちがい」が「日本のきょうの学問にも産業にも経済にも、そのほかいろいろ国民の日常生活に反映している」ことに気づく。

彼は「戦陣においては、私利私慾はあり得ない」と言いきる一方で、「利潤本位の産業」を批判する。あるいは会社の上司に「君のように軍隊式ばかりでは世の中は渡れんよ」とたしなめられて、「日本内地の平和主義的な、因習」に反発する。彼にとって、銃後の「自由主義的な何でも平等だ平等だという西洋式のやり方」、「形式のための形式主義」が「国家総力をあげての聖戦完遂を妨げるもの」だった。

彼にとって「殺人刀と活人剣とは一つの剣」であり、戦場の兵士と銃後の帰還兵とが一体となって、この戦争を勝ち抜くことで、「露営のときや歩哨のときにも思い出す故郷の日本と、ひとつにつらなる広い東亜」を建設することができるのだった。[53]

もう一人の帰還兵は、自己の使命について、つぎのように決意を語っている。「戦争が終ったなら、元の平和な生活がくるなどと思ったら大間違いで、世界は根本から全くの別物に建て直されるのだ。民族の配置、経済領域の問題のみでなく、人間の精神と肉体が今までのようなものであったなら没落するより外ないものにまで変る。いや変らなければ生きてゆけなくなる時代になる[54]」。

このような時代認識に立ち、彼は「生き方の改革をなす人が結局新しい日本国民の指導者となる」のであり、そのような指導者こそ「戦火に焼かれ、焼き直された新しい日本人」、つまり銃後の帰還兵たちのことである、と断言する。彼らが「自己の生活革新のその建て直しを行いそれを他に推し進めてゆくとき……周囲の人々は建ち直って生れ変る」。

ここにおいて彼は宣言する。「戦争から帰ってきたものは、戦争で鍛えたその魂をそのまま持ってきて、この銃後建設にうちあたらなくてはならぬ」。戦争をとおして作られた「新しい日本人」が「日本の再建」にあたること、これこそが「新しい時代」にふさわしい、帰還兵たちの使命となった。

銃後のなかの帰還兵

兵士たちは帰還すると、歓呼の人波と日の丸の旗で迎えられた。しかし有頂天になる者は少なかった。誰もが押し黙り、宮城遥拝ののち、それぞれの故郷や職場へと帰っていった。

埼玉県秩父郡大滝村（現・秩父市）に帰ったある兵士は、村役場にあいさつに立ち寄り、留守中の礼を述べ、「ここに十五円あります。これを銃後運動に使って下さい」と「軍隊口調でハキハキと」述べた。

別の兵士は、「賑やかな歓迎もなく、一人郷里の山河を眺め乍《なが》ら、コツコツと歩いて帰っていた。取材中の記者が「都会の賑やかさと思い較べて『淋しくないか』と聞いて見ると」、その兵士は、「出征中色々と村の皆様にお世話になり、その上帰る時、また多忙な仕事

東京朝日新聞　第一萬九千四百二十七號

傷痍軍人たゞ感激
聖上の御質素なる御日常
出光海軍中將が謹話

外米は六割混入
三大都市で早速實施

井戸を掘りませ

相變らずの「奉公日」
温泉客奇怪な新記録

『朝日新聞』昭和15年5月3日紙面

を休んで歓迎に村境まで来て貰うのは誠に申訳ない。それで誰にも知らせずにそっと帰って来たのです」と答えた[55]。

都会と農村とを対比的に描く構成をとるこの新聞記事が示唆するように、帰還兵たちは、日本の再興の起点を都会ではなく、農村に求めていた。たとえばある兵士は、帰還後、傷痍軍人や遺族を訪ねた際の印象として、「私は東京に住んでいて、時に不愉快ないろいろなことにぶつつかる。だが、こうして田舎をまわっていると、実に心強い種々のことに次ぎ次ぎと出っくわす。勇士が出、節婦が多いのも、環境が関係しているのだと言えないであろうか」と記している[56]。

帰還兵は、少しでも倫理的にふるまおうとしていた。たとえば江南戦線から三年半ぶりに帰還した清水部隊は、「帰還したら大宴会を催そうと下士官団が中心となって醵《きよ》金《きん》して居た」二千三百余円を、顕彰会に寄付している。[57]

このことを報じた新聞の紙面構成は、彼らの倫理性を際立たせるものとなっている。なぜならば、そのすぐ横に「相変らずの『奉公日』／温泉客奇怪な新記録」という見出しの記事を掲載しているからである。

ここにいう「奉公日」、つまり「興亜奉公日」とは、昭和一四（一九三九）年九月一日から毎月一日が、アジアの興隆のために、「戦場の労苦を偲《しの》」んで、質素な生活をし、奉仕しなければならない日になったことを指している。この日は一汁一菜の食事、禁酒・禁煙、飲食・接客の各業種は休業となった。[58]

ところが実際には、この新聞記事によると、東京電車鉄道管内のこの日の乗客数は約一一五万人で、先月の平均の約九八万人を上回っていた。温泉地行き列車の二等車の七割は「女客」という「異現象」で、「中には奉公日を無視した客と同伴の芸妓、女給等も相当あり」といったありさまだった。

このように帰還兵の行動と銃後の実際とは、強いコントラストをなしていた。

火野葦平の帰還

帰還兵のなかには、火野葦平もいた。火野の帰還は、一つのニュースとなった。戦場の火野は、銃後において国民的なスターだったからである。国民は、火野の作品に、本だけではなく、ラジオ小説や映画でも接していた。

杭州湾敵前上陸二周年記念日の昭和一四（一九三九）年一一月五日、火野は、日本航空ダグラス機で台北から福岡へ帰国する。新聞はその時の模様を、「鼠色のゆったりした背広姿」の「葦平氏は無表情に飛行機から降り立」ったと伝えている。[59]

なぜ火野が「無表情」だったか、私たちはよく知っている。しかし世間は火野をほうってはおかなかった。一三日には朝日新聞社が、火野の講演「戦場より還りて」と映画「土と兵隊」の上映による「火野葦平帰還講演会」を神田の共立講堂で予定していた。

マスコミ各社は、講演会のために上京する火野の様子を追っている。「帰還兵らしいさりげない風姿で降り立ったプラットフォームは都下の雑誌社、映画会社の小旗の波と旧友知人の大歓迎陣で暫くは身動きも出来ない程の混雑ぶり」だった。火野は東京駅から直ちに二重橋へ、宮城遥拝ののち、靖国神社、明治神宮を参拝、この日は友人宅に投宿している。[60]

講演会当日は、「戦争文学の王座を行く『葦平軍曹』の〝声〟に接しよう」とする聴衆三七〇〇人が会場を埋め尽くしたという。「破れんばかりの拍手」に迎えられた火野は、会場の熱気とは対照的に、「心持蒼い顔」で、おそらくは聴衆にとって意外なことに、「銃後では〝戦争はもう下り坂だ〟と思っているらしい印象が感ぜられること、兵隊の本当の苦労は警備についてからであること、最近慰問品や手紙が少くなったことが不安な気持を与えることを諄々《じゅんじゅん》と語っ」た。[61]

火野は、帰還兵に与えた戒めを自らにも課して、抑制された言葉をもって銃後の国民に訴えた。この講演会で火野は、帰還のよろこびを語ることなく、多くの聴衆を前に、前線の兵士たちの気持ちをありのままに伝える役目に徹した。火野が訴えたかったのは、このことだけだった。

銃後の国民に対する態度とは対照的に、火野は、前線の兵士たちには自己の真情を率直に打ち明けている。帰還に際しての火野の感情は、生還できたことの素朴なよろこびだった。火野は、「大陸の土と化した多くの戦友達に対しては済まないという気持を深く抱きながら」も、「二度と踏むこともあるまいと決めていた故国の土を生きて踏むことが出来、二度と会うことのないと決していた家族にも会え、思いがけなくも我が家の閾《しきい》を跨《また》ぐことが出来るということについての嬉しさを説明する必要があろうか」。火野は「よくも生きて帰られたということに対する限りない喜びの詠歎」を表現している。

しかし鋭敏な観察眼を持つ火野は、素朴で純粋な感激の先を見通しながら、あることを兵士たちに伝えていた。「兵隊の目に触れなかった部分で私の目に触れたものがある」。こう前置きして火野は、銃後の無理解と無関心に注意を喚起した。

「それは一口にいってしまえば、現地にある兵隊を忘れないで欲しい、ということである。……私は決して兵隊が忘れられているとは思わない。唯《ただ》〔ママ〕は私本当に兵隊が理解され、もっと労《いた》わられてよいと思うのである」。

なぜ火野は、このようなことを言わなければならなかったのか。火野は帰還した最初の祖国の印象を「二年振りではじめて福岡の土を踏んだ時に異様な感じを受けたのはその街の景況ののどかさである」と記している。火野によれば、「私達の出征前よりも派手やかであり、非常に絢爛《けんらん》たる色彩のけばけばしささえ目についた程」で、「これらの街の様子は、どこに戦争をやっているのかというほど」だった。

そこから火野に疑問が沸き起こってくる。「安易に馴れて少しく戦争の大いさを忘却し、兵隊についても幾らか関心を抜いているのではないか」、「事変勃発以来三年に近くなろうとしているその事が国民を草臥《くたびれ》させたのであろうか」、「倦怠が生じているのであろうか」などとつぎつぎに疑いの気持ちが浮かんできた。

火野の疑念は、前線に対する銃後の無理解への批判に及ぶ。昭和一二（一九三七）年末の首都南京の陥落後、中国の主要拠点は、日本軍の手に落ちていた。「そういう状態にあるために銃後では何かもう戦争は山を越して兵隊の苦労も以前ほどではなくなったという風に考えているようである」。「内地から来る便りなどにも、もう警備だから大したことはあるまい、というように書いて来るのである。全然反対である」。こう言っても、「ほほ、そんなものですかねと驚く人の方が多い」と火野は慨嘆する。

火野は「言語に絶する苦難の掃蕩戦が常に行われ」、敵の「何千何万という正規軍隊」が占領拠点の奪回を図っている戦場の過酷さを訴えた。「便衣隊（中国人ゲリラ）」や「遊撃隊」の夜襲に備えながら、警備をすることの「真の苦労が銃後に余り知られていない」。火野は、敵前上陸に伴う戦死者よりも、警備に服してからの犠牲者のほうが何倍も多いのだ、と強調した。

銃後の無理解は、火野を苛立たせた。火野は帰還後すぐにいくつかの郵便局で、軍事郵便の統計を調べてみた。すると「私は次第に月々下降しているその数字に何んと腹立たしくさえなったのである。慰問袋の数字も坂の如く減っている」。「若《もし》や銃後の人々が我々兵隊のことを忘れてしまったのではないだろうか」。火野は銃後への不審が深まった。

火野は銃後に向かって訴えずにはいられなかった。

「どうしても銃後の人達に聞いて戴きたいと思うことに、戦後の建設と大陸進出の問題がある。……このことは銃後の人々の在り方についての心構えと並行しなければ、決して日本を支え、日本を美しくして行くことは出来ないという意味で、いま銃後人となった私も入って、銃後がもう少し戦地と緊密に結びつかねばならぬ」。

兵士を介して前線と銃後とが結びつくことで、一方では戦後の国際秩序を建設し、他方では国内を改革する。火野はこの目的を達成するために、帰還兵として「戦場で得た兵隊の精神を生かす」覚悟だった[62]。

火野はほどなくして、ふたたび大陸へと赴く。今度は兵士としてではなく、陸軍の報道班員としてである。これをもって火野は戦争に再動員されたと批判するだけでは、真実の半面を指摘したにすぎない。火野は自己の使命を、文学をとおして前線と銃後とを結びつけることに見出した。そこには強制よりも、自律の契機のほうが強く働いていたにちがいない。

火野は「戦時提言」として、文部省が「文学者の強力組織《(ママ)》」を設立することに賛意を示している。文学者に「一切の才能を祖国の運命のなかに傾けつくす決意」を促しているのも、同じ文脈で理解することができる。火野は自己の使命を忠実に果たそうとしていた。[63]

中野実の帰還

中野実も帰還する。古川ロッパと決別した中野は、火野ら「帰還作家」とともに、一〇万部発行の官製の『軍国美談集』や『善行美談集』の執筆にあたっている。[64] ここにはもはやユーモア作家の面影はない。
さらに中野は、盧溝橋事件四周年記念の日に、火野を含む「従軍芸術家」たちと「文化奉公会」を結成する。銃後に「ペンを生かす」ためだった。[65]
中野の行動を単に時局便乗と片づけるわけにはいかない。事変二周年記念日に、中野は広東からつぎのように新聞へ書き送っているからである。「精神主義、精神家である前に、己の信ずるところのものを、具体的に、希望的に、そして相手が納得のゆくように説明出来るものでなければならない。／もっと手取早くいえば、新秩序建設、新東亜建設の具体的、合

文芸銃後運動講演会に出発する作家たち（右から久米正雄、中野実、横光利一、岸田國士、林芙美子）（毎日新聞社）

理的説明がほしいのである」[66]。中野は国家に対して、国民が信じるに値する、また中国も受け入れることができる、説得力のある具体的な戦争目的を要求していた。

中野は帰還した翌月の昭和一五（一九四〇）年五月には、「文芸報国」を掲げた文芸家協会による「手弁当休みなしの講演行脚」に参加する。中野の班は、久米正雄《くめまさお》（芥川龍之介らと文学活動をともにした著名な作家）、菊池寛《きくちかん》（『文藝春秋』の創刊者）、岸田國士《きしだくにお》（劇団文学座を指導した演出家・劇作家）、横光利一《よこみつりいち》（私小説やプロレタリア文学に対抗する実験的な新感覚の作品の作家）、林芙美子《はやしふみこ》（下層社会を描いた自伝的作品『放浪記』がベストセラーになった女流作家）、徳田秋声《とくだしゅうせい》（自然主義文学の代表的作家）といった錚々《そうそう》たるメンバーで構成されていた。一行は五月六日に東京を出発する[67]。

中野はこの間にもいくつかの作品を発表していた。そのなかの一つ「ラッパ」は、「移動演劇隊」の演劇の脚本である。この「移動演劇隊」の目的は、「長期総力戦下剛健な精神力と生産力を持続させるため、正しい慰安、国民精神を鼓舞する娯楽」を各地の国民に直接、与えることだった。[68]

中野の活躍は、内地に止まらなかった。中野はふたたび戦地へ赴く。今度は大陸ではなく、南方である。中野は陸軍報道班員として、シンガポールやジャワ、スマトラから現地報告を新聞に送るようになる。

こうなると、もはや中野と古川ロッパとの関係修復の可能性は失われた。ロッパは日記に記している。「中野実と芸術と戦争で激論する、人情家中野の論、兎角《とかく》人情にからむので弱る[69]」。

ロッパは中野の兵隊式に手を焼いた。「中野実来る、南方から飛行機で昨日帰ったと。やっぱりスゴんでいる、兵隊かぶれ抜けず、困ったものなり[70]」。別の日の日記にも「まだ軍人かぶれが除《と》れない。『俺は陸軍だから』云々と言い出す[71]」。ロッパと中野との間の亀裂は、修復が困難となっていく。

以上の帰還兵たちの考えに共通してみられるのは、戦争をとおして国内を改革し、国内の改革が新しい「東亜」を作り出すという戦争の力学への期待である。戦争の目的は、過去の平和への復帰ではなく、新しい日本の建設だった。兵士たちは、戦地の緊張を内地に持ち込み、「洗ざらしでも、サッパリとした、手垢のついていない着物を着ているような」日本に作り直す決意を固めた。[72]

それにしてもこのような使命感を生んだ戦場とは、どのようなものだったのだろうか。彼らの戦った大陸の戦場で、何が起きていたのか。私たちはまだそのことを知らない。

注

1. 『兵隊』第四号（昭和一四年七月、復刻版、刀水書房、二〇〇四年）七頁。
2. 『兵隊』第二五号（昭和一七年九月）、裏表紙の見返し。
3. 岡本哲志『銀座四百年』（講談社選書メチエ、二〇〇六年）一七五頁。
4. 今和次郎・吉田謙吉編著『考現学採集（モデルノロヂオ）』（復刻版、学陽書房、一九八六年）一三七～一三八頁。
5. 注1に同じ。
6. 『兵隊』第一四号（昭和一五年四月）五五頁。
7. 同右、一八頁。
8. 『兵隊』第一一号（昭和一五年一月）一八頁。
9. 『兵隊』第一〇号（昭和一四年一二月）二六頁。
10. 同右、一四～一五頁。
11. 『兵隊』第一一号（昭和一五年一月）二一頁。
12. 中村隆英『昭和史　I』（東洋経済新報社、一九九三年）二四三頁。
13. 橋本寿朗『現代日本経済史』（岩波書店、二〇〇〇年）八〇頁。
14. 高橋亀吉『戦時経済統制の現段階と其前途』（千倉書房、一九三八年）三二七頁。
15. 山中宏『私の戦時財界日誌』（東洋経済新報社、一九九〇年）四六頁。

16. 同前書、四九頁。
17. 坂野潤治「序論　西欧化としての日本近現代史」(東京大学社会科学研究所編『現代日本社会　第四巻　歴史的前提』東京大学出版会、一九九一年)四頁。
18. 高橋、前掲書、一三三〜一三五頁。
19. 古川ロッパ『古川ロッパ昭和日記・戦前篇』(晶文社、一九八七年)五七八頁。なお、この日記を活用した政治社会史研究として、御厨貴『政策の総合と権力』(東京大学出版会、一九九六年)IV章がある。
20. 同前書、五二二〜五二三頁。
21. 同前書、三四九頁。
22. 同前書、四四六頁。
23. 同前書、六八七頁。
24. 同前書、六九七頁。
25. 同前書、七一七頁。
26. 同前書、七三六頁。
27. 藤井忠俊『国防婦人会』(岩波新書、一九八五年)一八五頁。
28. 『朝日新聞』(昭和一二年七月一〇日)。なお『朝日新聞』からの引用は、『朝日新聞戦前紙面データベース』(朝日新聞社、二〇〇二年)に拠っている。
29. 『朝日新聞』(昭和一二年八月二〇日)。
30. 『兵隊』第三号(昭和一四年六月)二六頁。
31. 『兵隊』第二号(昭和一四年五月)一八頁。
32. 南博編集代表『近代庶民生活誌　第九巻』(三一書房、一九八六年)四四八頁。
33. 同前書、四六四頁。

34. 同前書、四六五頁。
35. http://www.kekkon-navi.org/info/history.html
36. 『朝日新聞』（昭和一二年八月一二日夕刊）。
37. 『朝日新聞』（昭和一四年一〇月一四日）。
38. 藤井、前掲書、一八九頁。
39. 町田忍編著『戦時広告図鑑』（WAVE出版、一九九七年）六九頁。
40. 『朝日新聞』（昭和一四年一月三一日）。
41. 『朝日新聞』（昭和一四年九月一七日）。
42. 『朝日新聞』（昭和一三年七月一〇日）。
43. 『朝日新聞』（昭和一三年八月三日）。
44. 『朝日新聞』（昭和一三年八月三一日）。
45. 『朝日新聞』（昭和一三年九月一日）。
46. 『朝日新聞』（昭和一三年一一月一七日）。
47. 『兵隊』第二九号（昭和一八年五月）一六頁。
48. 『兵隊』第二三号（昭和一六年一〇月）八頁。
49. 同右、二七頁。
50. 『朝日新聞』（昭和一四年二月二日）。
51. 『兵隊』（第Ⅳ分冊、付録1）。
52. 『兵隊』第一六号（昭和一六年一月）一〇～一一頁。
53. 『兵隊』第一八号（昭和一六年四月）一〇～一一頁。
54. 『兵隊』第二三号（昭和一六年一〇月）八～九頁。

55. 『朝日新聞』（昭和一四年五月二八日）。
56. 『兵隊』第二三号（昭和一六年一二月）一一頁。
57. 『朝日新聞』（昭和一五年五月三日）。
58. 三國一朗『戦中用語集』（岩波新書、一九八五年）五六頁。
59. 『朝日新聞』（昭和一四年一一月六日）。
60. 『朝日新聞』（昭和一四年一一月一三日）。
61. 『朝日新聞』（昭和一四年一一月一四日）。
62. 『兵隊』第一一号（昭和一五年一月）二〇～二二頁。
63. 『朝日新聞』（昭和一六年一二月二七日）。
64. 『朝日新聞』（昭和一六年三月一二日）。
65. 『朝日新聞』（昭和一六年七月八日）。
66. 『朝日新聞』（昭和一四年七月一一日）。
67. 『朝日新聞』（昭和一五年五月七日夕刊）。
68. 『朝日新聞』（昭和一七年七月一〇日）。
69. 古川ロッパ『古川ロッパ昭和日記・戦中篇』（晶文社、一九八七年）四四二頁。
70. 同前書、五三六頁。
71. 同前書、六六三頁。
72. 注1に同じ。

Ⅱ 章　戦場のデモクラシー

1　他者理解の視点

広東の戦場で

広東市街の掃討戦を終えて、南支那派遣軍松浦隊の下田徳幸は、夜明け前の不気味な静けさのなかで、十字路の歩道の上に腰を下ろした。あたりはまだ暗く、兵隊の吸う煙草の火が赤く明滅していた。

やがて夜が明ける。早朝から中国人の工場労働者たちが道路に姿を見せはじめた。彼らは暗い不安な顔を兵隊の方へ向け、礼をするように頭を下げていく。下田は、「針金のように細くて、容易に折れそうもない彼等の黒褐色の脚と、犬のように石ころの上を平気で歩いて行く強靭な素足を不思議そうに眺めて」いた。

その時、下田の側に座っていたH一等兵がつぶやいた。「これが大広州の市民だからな、俺は彼等を見ると、いつも支那人という気がしないんだ、変ないい方だが、自国民のような気がしてこころの底から情なくなる、いや、悲しくなってくるよ」。H一等兵が「恰《あたか》もそれが彼一人の責任であるかのような悲痛な面持」で言ったことに、下田も「そうだな」とうなずいた。

中国人労働者のなかに、一人の「姑娘《クーニャン》」がいた。K上等兵が呼びとめ、「おい、新聞紙を開けろ」と尋問するように日本語で言った。なかから出てきたのは、さつまいも三本だった。兵隊たちは哄笑し、つぎの瞬間、黙ってしまった。そのさつまいも三本が彼女の昼食のすべてだとわかったからである。K上等兵は、「このうえ見るのは如何にも苦しいといった風に『もういい、い〔っ〕た』と、いって自分で包みかけた」。

下田は、貧しい身なりではあっても「どことなく余裕のある、どっしりした態度」のこの「姑娘」に興味を持った。彼女は「内地では児童だけがはく」ような黒い布靴を履いていた。下田は「笑えなかった」。それどころか、「彼女に好意が持てた、そしてその好意は次第に信頼に変って行った」。

彼女は元通りに包み終わると、「先生《しいさん》、有難う」と日本語で言った。兵隊たちは唖然として顔を見合わせ、そして笑った。下田は思わずうれしくなり、「救われた気持」になった。[1]

日本が失いつつあるもの

以上のエピソードから私たちは、中国戦線の兵士たちが何を見、何を考えたかを知るためのいくつかの重要な手がかりを得ることができる。

一つは、アジア的後進性に関する共通認識である。H一等兵のつぶやきにうかがい知ることができるように、兵士たちは、日中間に共通するアジア的後進性に気づいていた。中国の民衆の貧しさは、戦場の兵士たちに印象づけられた。しかし中国の民衆が貧しいからといって、兵士たちの蔑視感情を強めることにはつながっていない。兵士たちは、中国の貧困を日本の（おそらくは農村の）貧困と同一視し、両国に共通する問題として認識する視点を持っていた。

「中国の貧困の原因は、日本の侵略にあるのではないか」。このように批判することは、もちろん可能である。あるいは兵士たちの自己欺瞞を告発してもよい。しかし日本が侵略しなかったとしても、別の理由から、おそらく中国は貧しかったにちがいない。兵士たちは、その中国を軽蔑するのではなく、日本との共通性を認識していた。

もう一つは、アジア的後進性に関する共通認識と表裏一体の関係にある、中国民衆への共感である。このエピソードで兵士たちは、貧困を単に否定しているのではない。一面では好ましい簡素な生活として理解している。しかも被占領国民でありながら、毅然とした態度、倫理的な行動は、兵士たちの感情を「好意」から「信頼」へと高めている。兵士たちは、日本が失いつつあるものを「姑娘」に見出したのかもしれない。

要するにこのエピソードは、兵士たちに他者理解の萌芽があったことを示している。日本では戦場の兵士たちこそが、もっともよく中国の現実を知ることになった。

被占領下の中国でありながら、その中国を侮蔑するどころか、うらやましく思う感情を抱いた兵士がいたことも記しておく。古賀部隊の田中秀苗は、「南支に来て、始めて支那の人と風物に接して僕も亦《また》支那という所と人とが次第に好きになった」。このように現地の第一印象を語る田中は、その理由として、「殊に広東に於て、僕は自分の知っている内地の日本人に失われかけている様な純朴な美徳が尚《なお》残っているのを珍らしく又羨ましく感した〔ママ〕」ことを挙げている。[2] 田中が戦場で発見した中国は、内地ではすでに失われつつあった美しい日本だった。

中国の民衆に対する肯定的な見方は、それまでの差別意識に対する反省を迫ることになった。片岡隊の小馬佐次男は、入院中、病床で身の回りの世話をしてもらった中国人女性が「金を僅《わず》かだが礼にと出しても決して取らない」ことに、「支那人にもかかる親切なやさしい人も居るかと馬鹿にして居た心が恥かしかった」と自己を省みている。[3]

反省の言葉は、鈴川部隊の高橋嘉夫も記している。「威厳を保持しようとの行為が、ともすると傲慢に近い印象を中国人に与えているというような場面を、私は街頭で、バスの中で時折見うける。……現地にいること、それはとりも直さず問題の中国人に一番近くあるとの信念――こいつが反省すべき事だ」。高橋は、兵士の一人ひとりが日本人の代表と受け止められていることに注意を促した。[4]

このように戦場の兵士たちは、一方では占領軍政を反省しながら、他方では少しずつ中国認識を深めていく。

たとえば古賀部隊の久芳二市の場合である。[5]「内地に居る頃凡《およ》そ支那語と言えば姑娘と言う言葉を一番先に憶えた。それは此頃流行の小説や映画の感化に外ならない」。このように記す久芳は、「支那大陸に第一歩を印した時、余りにも空想と現実との間隔の甚だしいのに一驚した」という。なぜならば、「楚々たる支那服、柳腰風」とは程遠い、働く中国女性たちがそこにいたからである。彼女たちは、「カサカサのそして陽にやけた赤黒い顔、油気のない茶色の髪、太股《ふともも》の所まで捲《ま》くりあげた皮膚の荒れ、その両足を張られるだけ両方に張った苗植えの姿」をしていた。

その姿を見て久芳は、軽蔑ではなく、敬服の念を抱く。「汚い。いとも浅ましいとも哀れだとも思えるが、ジッとそれを五分十分見詰めていると、大地に生きる者の逞ましい、尊い姿に遂に頭が下がる」のだった。

パール・バック『大地』の受容

過酷な農作業に従事する中国人女性たちに対して、肯定的な視線を送ることができたのは、理由があった。久芳はつづけて記している。「支那農民文学は世界的に有名なパール・バック女史原作の『大地』と言う小説も映画も見て支那農民の生活は味《あじわ》った様に思っていた自分の愚かさをこの一事によって悟り得た」。久芳は、すでに内地でパール・バックの『大地』を読み、映画も見て、中国とはどのような国なのかを知っているつもりだった。しかし戦地に赴いてはじめてパール・バックの描く中国こそが、本当の中国であることを実感できた。久芳は「自分の愚かさ」を反省した。

久芳はそれまで抱いていた「情緒的な詩的な感情」が恥ずかしくなった。久芳にとって、「生きんがための泥まみれの逞ましい姑娘の姿」が、「支那大陸の印象として一生忘れる事の出来ない収穫」となった。

当時の日本において、久芳が例外的にパール・バックの『大地』の原作と映画に接していたのではない。今となっては想像しにくいが、日本国民はパール・バックのことをよく知っていた。ピューリッツア賞受賞作品の『大地』は、映画化されると日本でも上映された。新聞が「巨篇『大地』／いよいよ入荷す」と、速報するほどだった。[6]

近代中国の黎明期において、過酷な運命を逞しく生きぬく農民を謳いあげた名作『大地』の映画は、日本でもっとも大きな劇場の帝国劇場で上映され、連日、超満員だった。南京陥落が目前に迫り、日中戦争が激しさを加えるなかでのことだった。[7]

多くの観客のなかに、文芸評論家の小林秀雄《こばやしひでお》がいた。小林は、「蝗《いなご》の大群が襲来し、農夫達が、穀物を守る為にこれと大戦闘を演ずる場面があり、眺めていて何とも言えぬ感動を受けた。恐らく僕ばかりではあるまい。その時満場は息を呑んだ様子であった」と感想を記している。小林も中国農民の逞しさに心を打たれた。[8]

同時代の知識人たちは、誰もがこの映画を観たようである。社会学者の新明正道《しんめいまさみち》東北帝国大学教授もその一人だった。新明は、「彼女の久しい支那居住の経験を基礎として始めて生れることが出来た」と指摘しつつ、日本では「こんな種類の小説は出来っこないのではないか」と悲観的な論評を加えている。[9]

　多くの日本人が明治以来、大陸に渡り、中国で生活し、中国人と交流を持ちながら、そこから『大地』が生まれることはなかった。別の文芸評論家は、「日本の作家たちは所謂《いわゆる》文人的な支那旅行をしていただけである」と手きびしく批判している。[10]

　知識人たちの批判は、直接には『大地』のような作品を描けない日本の売文作家たちに向けられている。他方でこの批判は、間接的には自分たちにも向かってくるものだった。知識人と大衆の対立関係を前提とすれば、パール・バックの描く中国の民衆をとおして、知識人たちは自己の立場を見なおさなければならなくなったはずだからである。

　パール・バックは一九三八年にノーベル文学賞を受賞する。日中戦争の拡大に伴って、パール・バックは、日本批判を強めていた。しかし日本でのパール・バックに対する評価に揺るぎはなかった。パール・バックの作品と彼女の政治的発言とのギャップを、たとえば阿部《あべ》知二《ともじ》（作家で英文学者）は、つぎのように埋めようとした。「バックが、いま支那人を愛す《〔ママ〕》るあまり、日本に対しては明かに反対の立場を取っていることをおもうときに、彼女と支那への愛と、われわれのそれとが、一致しないことを遺憾におもうのである。われわれは何かの形に於て、彼女に——そして世界に応酬しうる支那論を持たなければならぬ」。日本人は、パール・バックの中国像を批判するのではなく、パール・バックの中国と対等以上の自前の中国像を作らなければならなかった。[11]

パール・バックと火野葦平

パール・バックは日本批判を強める一方で、ある日本の作家に注目し、作品を賞賛している。その作家とは、火野葦平のことである。火野の『麦と兵隊』は英訳されて、アメリカでも話題になっていた。パール・バックは、火野の作品の書評を『ニューリパブリック』誌に寄稿している。日本の新聞はその抄訳を掲載した。

パール・バックは、火野の作品を読んで、驚きの感に打たれた。「この小説には何等の宣伝もない。勿体《もったい》振ったところもない。自分のすることは何でもかでも正しいと主張する風なところもない。如何にも穏かに真面目に、簡潔に書かれている。こういう作品が日本人の手によって書かれようと何人が想像し得ただろうか」。

パール・バックは、『大地』で描いた中国が具体的な地域名を伴いながら、日本に侵略されていることを知って、「悲しみに駆られ読了するに耐えなかった」。しかし「自分はこの小説の筆者たる日本人が善良なる青年であること、そしてその作品が偉大なものであることを否定することは出来ない」と躊躇《ちゅうちょ》することなく、評価した。[12]

私たちは、日中戦争という最悪の状況下で、最良の出会いを目撃することができた。火野がたしかな筆致によって描いた戦場の兵士たちの思いは、海を越えてアメリカにも伝わった。パール・バックに匹敵する日本の作家とは火野のことである、とパール・バックが自ら日本国民に教えてくれた。

戦争の長期化は、兵士たちの他者理解を深化させていく。兵士たちは、侵略を正当化するイデオロギーや差別意識にもとづくものとは異なる、普遍性を主張できる考えを自分のものにするようになる。

深化する他者理解

須藤諦部隊の今田健美の他者理解も同様だった。今田は「土地の人の話」から、中国にはさまざまな宗教が「一時に仲良く同居している」ことを知った。このことは「我国でも、……一軒の家に神棚もあれば仏壇もある」のと同じである、と理解を示す。[13]

多くの宗教が共存するなかで、今田の関心をとくに引いたのがキリスト教である。キリスト教は中国全土に行き渡っていた。しかも教会は欧米各国の国旗を掲揚している。今田はもし日の丸が掲げられていたらと想像する。教会は病院や学校を持っている。その社会的影響力は計り知れない。

カトリック教会（右）と孤児院（左）（『兵隊』第６号、昭和14年８月）

キリスト教の教会が中国で果たしている政治的機能は、兵士たちの投稿雑誌に掲載された写真によって、兵士たちの誰もが知るところとなった。その写真は、「戦禍に怯えた民衆に厳然として法悦と平和と愛とを示現している」とのキャプションつきのカトリック教会の礼拝堂である。もう一枚は、その教会の孤児院の写真である。そこには多数の孤児と修道女たちが写っている。[14]

今田は、キリスト教が中国に浸透しているさまに驚嘆した。すでに四世紀も前から宣教師たちは、布教活動をおこなっていた。このことを知った今田は、自国に対して反省を迫る。「大東亜建設の精神方面を担当する者は、宜《よろ》しく事実を率直に認め……眼前の打算に動じ、軽薄なる横車を押すようなことが有ってはならない」。ここには素朴ながらも真摯な異文化理解の視点がある。

戦場という草の根から兵士たちは、他者としての中国への理解を深めていく。河野隊の松中秀雄もその一人だった。松中はある日、占領地域内の日本料理屋に足を運ぶ。その店は刺身料理を供していた。松中は望郷の念がわいた。

しかし松中はこのような気持ちを「島国根性」と呼んで、「揚棄せねばならぬ」と強調する。なぜならば、現地の日本人商人が「支那人はにんにく臭くて交際《つきあ》えない」という不平を諫《いさ》めて、「自分の刺身臭さが顧客にどういう観念を与えるかに考え〔が〕及ばない」、「認識不足も甚だしい」と批判するためだった。

松中は主張する。「にんにくの悪臭を本当に解さなければ、支那人の本然の姿は分明しない」。そうしなければ、「混沌のなかに新らしい秩序をたてて荒廃のなかから新文化を建設することなどできない。

中国から新しい文化を創造すること、そのためには「植民地文化」を否定しなければならない。松中はこの観点から、現地の日本人に注意を喚起する。中国人を酷使したり、だらしない格好をしたりといったように、「日本文化の面目を汚すような言動をしたがる」のを「情けなくおもう」と。[15]

このような他者理解の視点は、要するにつぎのような結論を導く。「支那人の習慣を無視して何んでも彼んでも我が型に入れようとしても駄目である。夫《そ》れは支那人は支那人としての国民性があるからである」。兵士たちの他者理解は、中国の国民性の尊重にまで及ぶことになった。[16]

2　立ち上がる「文化戦士」たち

「文化戦士」の役割

戦場の兵士たちが敵としてではなく、中国の民衆に接する限られた機会の一つは、歩哨に立つ時だった。前節で引用した下田の場合も同様である。下田は姉への手紙の形を借りて、中国の民衆との接触をとおして、伝えたかったのは何かを述べている。

「私は彼に対して、日本の兵隊はただ戦うことに強いばかりではなく、優しい人間的感情も持っている。広く人生の真実について、如何に日本の兵隊がそれを尊敬し、愛し、求めているかということを、この国の人々に感じさせてやりたいのです」。

なぜ「私たち兵隊は、武勇にあっては勿論のこと、道徳的にも、更に高い段階へ到達せねばならない」のか。下田によれば、「占領地の治安が或程度確立され、宣撫工作への注力が喫緊事となってまいりますと、私たち兵隊の任務は警備が主体になって、戦闘間のように単純に力と力との問題だけではいけなくなります。そこでは非常に任務は複雑化して一人の兵隊の自覚が大きな役割を持つようになって来」るからだという。

このような心構えから歩哨に立つと、下田の眼に飛び込んできたのは、至るところにあふれている「抗日」のスローガンだった。小学校の壁や床のうえにすら発見できた下田は、

「戦慄するような無気味さを味」わった。

しかし下田は、中国の抗日運動を非難することよりも、内省へと向かう。「今迄内地に居た頃は、中国のそうした運動と実情に余りにも無関心で居られたことを恥じないではいられ」なくなった。下田は「民族運動とその国際性とを今日程切実に自分自身の問題として考えさせられたことはありません。それを顧みる時、大陸にある兵隊も地方人も今後余程自覚して進む必要があると思います」と抗日運動を招いた原因が日本にあることを示唆した[17]。

ナショナリズムを相互に尊重することを前提として、日中提携を進める。兵士たちは、こうした高度な倫理的行動を起こさなければならなくなった。

戦場において、三八式歩兵銃や軍刀を持ちながら、敵と戦うだけでなく、以上のような政治的、社会的役割が課せられた兵士たちは、占領地域で宣撫工作に従事するうちに、「文化戦士」を自称するようになっていく。文化とはもっとも遠いはずの戦場で、俳句や短歌、詩、小説などの兵士たちの投稿雑誌『兵隊』が軍当局から認められ、積極的な支援を受けることができたのも、日中戦争において、文化の持つ意味が重要視されたからである。

この雑誌の編集担当者は、刊行の意義をつぎのように確認している。「今日の戦争はただに武力戦であるにとどまらず、大東亜文化建設と云う大きな使命を有しているのである。僕達兵隊の文化戦士としての自覚と責務感をもってしても、この雑誌が常に兵隊のものとして成長して来た様に、兵隊自身の高められた文化的情操を反映することによって、今後共愈々強く育てて行きたい」[18]。

「文化戦士」たちは、文化をとおして日中提携を進めようとする。彼らは、中国の歴史・伝統・文化に敬意を払いつつも、現に戦争をしていることの原因を、蔣介石《しょうかいせき》政府の欧米依存に求める。秋根隊の山野昌雄は嘆いている。「東洋人たる中国が偉人傑士の多く輩出せる最も古き歴史と、文化を有しながら、東洋人たるの本分に目覚めず、欧米依存の精神を抛棄せずして、長年国内紛争の跡を絶たず、正義日本に楯《た》てつき、無益な抗争を持続しつつあるは、東亜百年の大計の為寔《まこと》に慨嘆に堪えざる次第である」。

「文化戦士」の山野にとって、中国を侵略しているのは日本ではなく、欧米列強である。「西洋文明に陶酔して昏々として邪悪の眠りを続け」ている中国を、戦争によって目覚めさせることができれば、中国は「東洋人本来の姿に立ちかえ」る。このように確信する山野は、そうなれば、「平和黎明が燦然として訪れ」ると考えた[19]。

しかし現実には欧米列強とではなく、中国と戦っているこの戦争で、日本の兵士たちが皆、「文化戦士」の自覚を持っていたかは、疑わしい。実際のところ、中国の民衆が日本兵に強い恐怖心を抱いていたことは、彼ら自身も認めていた。ただしそれは、中国側の宣伝に、「無知」で「正直」な民衆が乗せられてしまったからだと彼らは責任を転嫁した。「日本兵に対する中国民衆の誤解」を解くには、どうすればよいのか。「彼等との接触を通し、日本兵の武士道的、人間的真価を知らせるより他に方法は無い」。これが兵士の結論だった。「日本の兵隊を通し中国の全民衆に日本人の真価が理解された時、蔣軍閥の崩潰は勿論、東亜協同体の完成も容易に成し遂げられる」[20]。兵士たちは、蔣介石政権を打ち倒し、「東亜協同体」を建設するために、「文化戦士」としてこの戦争を戦うことになった。

戦争目的の再定義

日中戦争は、目的のない戦争としてはじまった。政府は明確な目的を掲げることなく、戦争を拡大していった。政府が戦争目的を明確に定義したのは、戦争勃発後、一年以上も経った昭和一三（一九三八）年一一月のことである。この時、近衛首相の「東亜新秩序」声明は、戦争目的に「東亜新秩序の建設」を掲げ、治外法権の撤廃・租界の返還や日中「経済合作」といった日中提携のための具体的な政策を打ち出している。しかし〈文化〉に関する言及はみられない。

〈文化〉の観点から戦争目的の再定義を試みたのは、戦場の兵士たちだった。兵士たちは、戦争目的として、「新秩序の建設」のつぎに、「文化の悲願黎明を創造せん」ことを付け加えないではいられなかった。この「文化」は、「地域的に之を観ても、血族的に之を観ても、過去数千年の歴史的伝統と共同の運命連帯に立つ東亜諸民族」と、「互助連環と共同体意識の下に」、日中両国が創造すべきものだった。このような「文化」を創造することで、「帝国資本主義的圧力下に呻吟苦悶せる悲劇」の歴史を打ち破ることができる。「文化戦士」たちはこのように決意した。[21]

兵士たちは片手に銃や軍刀を携えながらも、もう片方の手で〈文化〉を創造する工作に従事することになった。「我々の占領地域内に於ける文化工作に心から讃同し敬意を払うようにならなければ真の全面和平は来ないであろう。／我々はこの日が来るまでは武力に於ても文化工作に於ても究極まで徹底的に戦わねばならぬ」。このように占領軍政下の文化工作の重要性を強調した兵士たちは、中国と中国民衆のことをもっともよく知っている日本人は自分たちである、との大きな自負を抱いて、日中戦争を武力だけではなく、文化力によっても戦っていく。「我々兵隊は活字を通してではなく、軍靴で支那の土を歩き、目で見、手で大陸の土に触れて来たのである。それ故実際に『広大なる支那』を知り、支那民衆を認識している日本人は我々兵隊だけである[22]」。こうして「文化戦士」たちの日中戦争がはじまった。

3　新しい文化の創造

戦争と文化

新たな任務を与えられた兵士たちは、戦闘行動に従事するかたわら、戦場で〈文化〉をめぐって思索を深めていく。戦争と文化とは正反対の関係にある、と私たちは信じている。疑問の余地はない。日中戦争の兵士たちも、最初はそうだった。たとえば坂倉部隊の石田一郎がつぎのように述べていることに、私たちは違和感がない。「戦争と云う行為それ自身の持つ意味は、かつて文化的な何ものをも語るものでなかった。僕達は戦争の文化のうえにもたらした不幸な災禍と、破壊の終末を歴史上に教えられて来た」。あるいは石田は「戦争は常に防衛されねばならない文化と云う弱者のうえに加えられる暴力であった」と、従来の戦争と文化との関係を確認している。ここからさらに一歩踏み出して、石田は、激しかった戦闘が止み、占領に伴う回復された平穏さのなかで、戦争と文化との関係を問いなおそうとする。

石田は、戦争目的が「文化にもたらす新秩序の建設」と再定義されたことに「絶大な共感を寄せ」る。文化は戦争によって破壊される脆弱なものではなく、戦争をとおして創造されるたくましいものとなったからである。

さらに石田は「文化建設に選ばれた戦士であることの意識は、戦争の行為のさなかに一点の明るみを宿すものである」と述べている。ここにうかがい知ることができるように、「文化戦士」としての役割認識は、戦争を合理化し、兵士たちを凄惨な戦闘行為から心理的に救い出すことができた。

それでは兵士たちは、どのような〈文化〉を建設しようとしていたのだろうか。石田がすぐに想起したのは、岡倉天心《おかくらてんしん》のことである。岡倉天心の「アジアは一つである」との「東洋の理想」を、しかし石田は今、「その言葉通りに説くことが出来ない」と率直に認めている。戦争の現実は、石田に「東洋の理想」について語るのをためらわせた。

それでも石田は、近代の日本が「西欧の歴史のなかに自己の理想を見出そうとしていた」ことを批判する。なぜならば、これまで文化的な到達点の指標だったはずの西欧が危機に瀕していたからである。この二〇世紀の新たな現実に対して、「東亜新秩序の建設を『東洋の理想』として歴史的課題のうえに高く掲げる」ことを石田は高唱する。石田は戦場において、「新しい東洋の歴史の発足点」に立っているとの高揚感に包まれていた。[23]

文化を守る

戦場の兵士たちは、ゲリラ戦に備えながら、占領地域内で散逸のおそれがあった図書・文書の収拾作業に従事している。なぜ兵士たちは、極限状況のなかで、このようなのんびりとした、平時においても後回しにされそうな、しかもわざわざ兵士がしなくてもよい作業をおこなっていたのだろうか。一度、〈文化〉を戦争目的に掲げた以上、日本軍は中国の〈文化〉を守る必要が生まれたからである。文化を守ることは、より直接的な意味でも兵士たちの任務となった。

軍特務部は、中国の文化を守るために、満鉄上海事務所、自然科学研究所、東亜同文書院の三機関から委員を選出し、「占領地区図書文件〔ママ〕接収委員会」を組織する。接収の対象は、官庁の行政文書はもとより、大学図書館、公共図書館、水産試験場に至るまで、広範囲にわたっていた。

資料の接収・保管・整理・利用については、いうまでもなく「軍ノ必要ヲ第一義」とするとなっていた。同時に実施要領は「国家的、公共的目的ニ副《そ》ワシムルヲ旨トス」とうたっている。また接収・整理後は、上海と南京に図書館を設置する予定だった。文化の保護が目的だったことは明らかである。[24]

文化施設の保護は、単なる宣撫工作の一つではなかった。戦争をとおして新しい文化を創造するために、どうしても必要だった。

軍が〈文化〉を保護するうえで、模範となったのがヒトラーのドイツである。ドイツ占領下の欧州を視察した山下奉文《やましたともゆき》陸軍中将が感銘を受けたのは、フランス人によって建てられた第一次欧州大戦の記念碑をヒトラーのドイツ軍がそのまま大切に保存していることや、ベルギーの民家に分宿するドイツ兵が屋根裏や地下室に潜り込んで、一般市民に迷惑をかけまいとしていること、あるいはイギリス軍の焼夷弾で焼失しかけた教会を守るために、ヒトラーが工兵隊を派遣したことなどだった。山下は、ヨーロッパにおける「一つの新しい精神の誕生」をみるとともに、「この精神は日本人にはよく理解できる」と共感している。[25]

ヒトラーは、ヨーロッパの歴史と伝統に回帰し、古き良きヨーロッパとドイツとの一体感の形成をめざすことで、眼前の侵略と迫害を正当化した。帝国日本の文化戦士の任務も同様だった。

中国での鯉のぼり――教育

占領地域における宣撫工作、文化工作は、文化施設の保護に止まらなかった。日本軍は、教育、思想、宗教、社会などのさまざまな分野で、占領工作を展開した。なかでも大きな成果を期待したのは、中国の子どもたちを対象とする教育の分野での工作である。

占領軍と子どもたちといえば、私たちがすぐに思い浮かべるのは、敗戦直後の日本におけるアメリカ占領軍と日本の子どもたちとの関係である。チューインガムやチョコレートなどの進駐軍からの「天降る贈物」[26]に群がる子どもたちこそが物質的な豊かさをとおしてアメリカの民主主義に対する最初の、またもっとも強い信奉者となっていった。「ギブ・ミー・チョコレート」と占領者に近づく子どもたちの光景は、当時の日本人にとって、はじめてではなかったはずである。とりわけ中国戦線を戦い、敗れ、帰還した元兵士たちにとっては、見慣れた光景だった。なぜならば、数年前の自分たちがアメリカ軍の立場だったからである。

当時のニュース映画は、中国の占領地域で、日本軍の兵士たちが貧しい中国の子どもたちに食料を恵んでいる様子を映し出している。日米戦争の場合と同様に、日中戦争の場合も、占領統治の安定化と新しい国家間関係の構築に向けて、長期的な観点からもっとも効果的だったのが子どもたちを対象とする工作だった。

占領地域で日本軍の報道班は、中国の子どもたちと日本の兵隊との交流の写真を撮りつづけた。キャプションは、たとえば「兵隊さんは子供が好き」である。そのなかの一枚には、おおぜいの子どもたちを前に、兵士の一人が「どじょうすくい」を踊ってみせている。

鯉のぼりを上げている写真もある。その写真には、火野葦平の文章がついている。「私達はいつ南支の空に日本の鯉のぼりなどがひるがえることを想像したことがありましょう。支那の子供たちも珍らしくてたまらないらしく、集って来ます。然《しか》し支那の子供に鯉のぼりのよさがわかるでしょうか。いや、きっとわかる時が来るでしょう。それをわからせるように我々は努力すべきでしょう。すると、それらの支那の子供たちは大きくなり、新しい中国の中堅となり、推進力となって活躍をする。その時には、ふたたび、春秋の筆法を借りて、新しい中国を生んだものは鯉のぼりであると云われるでしょう」[27]。

鯉のぼり（『兵隊』第２号、昭和14年５月）

鯉のぼりは、今も昔も日本の文化を伝えるわかりやすい手段である。イラクに派遣された自衛隊も同様に、ユーフラテス川の河畔に鯉のぼりを上げて、イラクの子どもたちをよろこばせるとともに、日本とはどのような国なのかを伝えようとしていたことは、私たちの記憶に新しい。

もっとも中国の民衆が鯉のぼりに象徴される日本の文化を理解することができるか、火野の指摘を待つまでもなく、疑わしかった。それでも兵士たちが熱心に取り組んだのは、もう一つの別の目的があったからである。

子どもを対象とする教育をとおしての文化工作は、直接には中国に向けられたものだった。他方で間接的には日本国内に向けられたものでもあった。教育をとおして中国を作り変えようとする意思が日本の国内改造に対するものでもあったとすれば、教育分野における軍の文化工作は、宣撫を超えて、大きな政治的意味を持っていたといえる。

現地軍による教育への介入がどのようなものだったかは、たとえば「教科書審査方針」(昭和一三年七月二四日)[28]が示している。この基本方針は、つぎの一節のように、アジア主義的な思想傾向が顕著である。「排日精神ヲ一掃シ、欧米依存観念ヲ除去シ、日支共存共栄ノ理想ニ基キ、日本依存ヲ高唱ス」。

もっともこの方針を強要することには慎重で、すぐあとにつづけて「然レドモ親日傾向ヲ露骨ニ明示シテ反動ヲ助長スルコトヲ避ケ、自然ノ間ニ之ヲ哺育スルニ努ム」と念を押している。

また思想的な欧米依存からの脱却とは、具体的には「共産主義及歪曲セラレタル三民主義ヲ排除シ、皇道ヲ基調トシ、儒仏、道教ニヨル東方道義ヲ強調」することだった。ここには

「皇道」を唱えながらも、中国の革命家で共和制の創始者孫文の三民主義（民族主義・民権主義・民生主義）や、中国の伝統的な宗教の存在に配慮していることがわかる。「日本」よりも「東方」の「道義」を教育の理念とする意図の現れだった。

次の項目も同様に、直接には占領地域における教育方針である。この項目は占領下の中国に対する教育政策の先に、間接的には国内改造の方向性を展望していたと解釈することができる。「理論ニ趨《はし》ラズ、実務ヲ重ンジ、勤勉ノ美風ヲ涵養ス」。「公益ヲ重ンジ、生活ノ改善ヲ図ル」。この一節には、たとえば「皇道」主義のようなイデオロギー性はとくに認められない。「質実剛健」や「武士道」といった言葉が似合う生活態度の育成をめざしていたようである。

私たちは、すでに戦場と銃後との間に、埋めがたいギャップがあったことを知っている。この文脈において解釈するならば、一見すると中国の学校教育に対する介入の基本方針であっても、じつは銃後の国内に向けたものでもあったといえるだろう。戦場の兵士たちの希望は、中国を作り変えて、それを国内に輸入し、日本をも作り変えることだった。

指導原理の確立・思想団体の組織――思想

以上のような戦場からの意図は、思想対策によりはっきりと現れている。昭和一二（一九三八）年一〇月、南京特務部作成の「中支思想対策要領」[29]は、冒頭で「新指導原理ハ、支那思想界ノ現状ト日支事変ノ性質トニ鑑ミ、単ニ支那自体ノ指導ニ適スルノミナラズ、我帝国ノ指導方策ニ適従シアラザルベカラズ」と強調している。

それでは銃後に向けたものでもあった新たに確立すべき思想とは、どのようなものだったのか。この「要領」は、「反共親日政策ニ背馳セザルコト」を前提条件にしながらも、「東洋道徳ニ基礎ヲ置クコト」や「庶民ノ安居楽業ヲ具現スルニ足ルモノ」で、「徒《いたずら》ニ高遠ナル理想ニ偏スルコトナク実践的ノモノタル事」と述べている。先の「教科書審査方針」と同様の考え方である。

三民主義への理解も「教科書審査方針」と同じである。「純正三民主義ハ必ズシモ不可ナキヲ以テ之ガ精髄ヲ抽出シ根本理念ノ確立ニ資スルヲ可トス」。ここでは蔣介石の三民主義ではなく、「純正」な孫文の三民主義であれば、新しい思想の「根本理念」となることを容認している。この「根本理念」は、中国に対するものであるとともに、内地の日本に対するものでもあった。

この「要領」は、実現に向けて、具体的な政策の可能性を追求している。まず、軍主導で、新思想の指導原理を確立する。ついで「思想団体ヲ結成シテ其ノ徹底ヲ期」す。さらに「諸政策ヲ強力ニ支持スル為政党ニ迄発展セシム」。

同「要領」が銃後の国内社会を意識していたことを考慮すれば、この一節は以下のことを示唆していた。つまりこの「要領」は、軍主導による「指導原理」の確立後、「思想団体」

を組織し、さらに政党に発展させるプロセスを、中国だけでなく、内地の日本にもあてはめようとした。兵士たちは戦場からの新思想の実現を、政党組織をとおして、政党政治システムの枠内で図ろうとした。要するに、戦場からの新思想は、「ファシズム」や「全体主義」ではなく、政党政治という民主的なシステムを前提としていた。

「中支宗教大同連盟」設立——宗教

アジア主義的な立場から文化工作を構想していた以上、日本軍は、宗教の分野では、中国古来の宗教を尊重するとの建前をとった。昭和一三（一九三八）年一〇月の軍特務機関による「中支宗教工作要領」[30]は、基本方針の最初の項目で、「支那在来ノ宗教ニ対シテハ其独自性ヲ尊重」する旨、強調している。これらの宗教が東洋思想の一部を構成していただけでなく、「永年ニ亘ル歴史ニ伴ウ滲透普遍ノ諸勢力ハ看過シ得ザルモノアルヲ以テ」だったからである。

アジア主義的な立場は、キリスト教の否定に向かうはずである。なぜならば、「欧米依存観念ノ排除」に努めなければならなかったからである。それにもかかわらず、中国におけるキリスト教が「牢固タル組織勢力」を持っていたことは、認めざるを得なかった。何世紀にもわたるキリスト教の布教努力は、戦場の兵士たちを感嘆させていた。

それゆえ日本の占領軍は、強制的な排除を差し控えた。「基督教（天主教ヲ含ム）ニ対シテハ漸次日本勢力ヲ注入シテ民衆ヲ日本依存ニ転換セシム」となっている。軍当局は、この目的のために、「中支宗教大同連盟」を組織する。日本の宗教は、この組織をとおして、中国へ進出することになる。

もとよりこのような形での宗教工作は、前途多難だった。「中支宗教大同連盟」は、日本の宗教界の寄り合い所帯で、神道や仏教はもちろんのこと、キリスト教も含まれていた。しかも設立後すぐに利害対立から内紛が起こる。ある新聞記事は、「連盟」の役割を認めながらも、「更に切実に要求せらるるものは、現実の上に立つ新しき世界観であり、これが思想的、宗教的対策でなければならない」と批判している。[31] 軍特務部の「要領」は、中国の既存の宗教が「功利的消極的信仰」であることを指摘していた。ところが当の日本の宗教界こそ、この批判が当てはまるような状況だった。「新しい世界観」を持たない日本の宗教が、中国においてキリスト教を排除することは、きわめて困難だったにちがいない。

宗教対策でもう少し具体的な効果が望めそうなことがあったとすれば、それは宗教施設の保護だった。「寺院、廟、教会、古墳其他宗教関係ノ建築物、保護物等ニハ適当ナル保護ヲ加エ、更ニ其破損復興ニ対シテハ関係者ヲ指導」するとなっている。山下奉文がヒトラーのドイツにみたように、このような施策は、「新しい精神の誕生」を内地の日本にもたらすことが期待できた。

「親日ニ導カントスル」——社会事業

文化工作の対象は、社会事業にまで及んでいる。たとえば中国の難民や「極貧者」の救済を目的とする社会事業である。この社会事業の真のねらいが「欧米依存、排日精神ノ根源」をなす欧米の宗教団体の社会事業に対抗し、中国の民衆を「親日ニ導カントスル」ことにあったのは、明らかである。

中国に対する文化工作でありながら、この社会事業政策は、兵士たちの考える国内社会のあり方を示唆している。たとえば軍特務部の「中支教化社会事業要領」（昭和一三年一一月[32]）の一節に、「民衆ヲシテ単ナル政治的、又ハ慈善的救済行為ナリトノ念ヲ抱カシムルコトナク、民衆ノ相互扶助的精神ニ依ル」とある。この「民衆」を中国の「民衆」ではなく、日本の「民衆」と読み替えても、違和感はない。「相互扶助的精神」によって「民衆生活ノ向上ヲ図ル」べきは、中国に止まらず、日本もまたそうである。この一節はそう言いたかったにちがいない。要するに他の文化工作と同様に、社会事業に関しても、日本の国内社会を改革する意思が現れていた。

「思想戦」の武器

以上のような文化工作は、侵略の正当化であるとか、単なる戦争プロパガンダにすぎないと片づけるわけにはいかない。戦場の兵士たちは、戦闘行動と同等以上に、これらの文化工作をやり遂げなければならない理由があった。その理由は、〈日中戦争とは何だったのか？〉の問いにかかわっている。

　日中戦争は、近代の日本が経験したことのない、まったく新しい戦争だった。その時すでに中国は、国際連盟に加盟する主権国家だった。日中戦争とは、その中国の領土で、中国を軍事的に支配する戦争だった。このような戦争を遂行することがいかに困難だったかは、当の兵士たちがもっともよく知っていた。たとえば上海特務機関班長会議の席上、堂ノ脇少佐はつぎのように語っている。堂ノ脇がかつて士官学校で習ったのは、「戦争ノ目的ハ敵国ノ意志ヲ我ニ屈服セシムル」ことだった。ところが中国との戦争では、軍事的には日本が勝っているはずなのに、中国はいつまでたっても屈服しない。他方で日本軍は、「民衆ニ占領意識ヲ以テ対シ、作戦戦闘ノ必要上ト称シテ必要以外ニ民衆ヲ抑圧シテ毫《ごう》モ民心収攬《しゅうらん》ヲ考慮セズ民衆ニ怨恨ノ種ヲ蒔ク者ガ少クナイ」。堂ノ脇は、これを「甚ダ遺憾デアリマス」と反省している。[33]

　この反省のうえに立って、堂ノ脇は、「今次ノ日支事変ヲ契機トシテ深ク慮ヲ要スルノデハアリマスマイカ」と再考を促している。なぜならば、「支那ヲ永久ニ強化シナイ様ニ徹底的ニ蹂躙《じゅうりん》シ軍事モ政治モ経済デモ交通デモ教育デモ何モ皆日本デ抑エタラ永久ニ支那ハ起《た》テナイダロウト考エルノハ甚ダシイ謬見《びゅうけん》デアッテ斯ノ如キハ今次ノ皇軍出師《すいし》ノ目的デハナイ」からだった。

堂ノ脇が調査した中国民衆の階層別対日認識は、戦争目的の理念と日中戦争の現実との乖離を示している。

農民　「噂ニ聞ケル如ク日本人ハ非道イトノ感ヲ抱ク」。
労働者「大部ハ職ヲ奪ワレ匪賊《ひぞく》遊撃隊共産党ニ利用セラル者多シ」。
資本家「経済合作ト称シ結局資産、工場、商品ハ日本ニ抑エラル、当分何モ手ヲ出サザルニ如カズ」。
知識人「大部ハ尚抗日意識去ラズ」。

このようなすべての階層にみられる抗日意識の背景に、「直接家ヲ故意ニ焼カレ或ハ妻女ヲ強姦セラレタリ肉親ヲ故ナク殺サレタ」といった日本軍の不法行為や残虐行為があったことを、堂ノ脇は率直に認めている。

さらに多くの民衆の「感情的ノ抗日意識」は強く、このまま放置すれば、「感情的抗日」が深刻になるだけでなく、「思想的ニナリ理論的ニナリ遂ニハ消滅シ難イ抗日」となる。このことを「最モ恐ルルノデアリマス」と堂ノ脇は憂慮した。

それゆえ「作戦計画」とともに、「思想戦の計画」が必要になった。文化工作こそがこの「思想戦」の武器だった。

さまざまな文化工作は、一方的に注入するのでは成果を上げることができない。堂ノ脇たちは戦場で痛感した。彼らは、中国の民衆が自発的に文化工作を受け入れるためには、何らかの政治的な受け皿が必要だと考えた。すぐに思いついたのは、政党組織である。ところが「日本式ニ考エマスト、政党ノ絶対必要ハ無条件是認セラルル所デアリマスガ、支那人ハ党ト云ウ字其モノヲ已《すで》ニ罪悪視シテ居リマス」という。そこで「或時ハ政党的役割ヲ演ジ、或時ハ公益団体トナリ、或時ハ思想運動ヲ行ウ様ナモノ」で代えようとした。彼らはこの組織を「大民会」と名づけた。

この一節は、二つの点で重要である。一つは、日本では政党システムが当然視されていたことである。もう一つは、中国では政党に代わる、政党、「公益団体」、思想運動を統合した組織として「大民会」を現地軍が主導して設立したという経緯である。先回りして言えば、戦場からの銃後の国家改造は、まず政党をとおして実現が図られた。しかし既存の政党では困難なことが明らかになると、政党に代わる組織が求められるようになる。それがすなわち「大民会」の日本国内版、大政翼賛会だった。

大政翼賛会の形成過程がこのようなものだったとすれば、大政翼賛会の理念の起源は中国の「大民会」に求めることができる。中国の「大民会」が日本国内に逆輸入されることで、大政翼賛会の成立をみたと言い換えてもよい。要するに、「思想戦」によって「親日」の中国を作り出すことは、戦場から新しい日本を作り出すことでもあった。

平準化への意志

中国に対する文化工作をとおして、銃後の国内社会を改革するために、戦場の兵士たちは対国内宣伝政策を展開する。前線と銃後との間の中国をめぐる認識のギャップを埋めるために、現地から国内向けに宣伝をすることの重要性を、中支派遣軍報道部上田騎兵大尉は、つぎのように訴えている[34]。

「日支間ハヨク地理的ニ一衣帯水トイウ字デ言ワレテイルガ汽船ニテ一昼夜、最モ速イ飛行機デモ半日ヲ要スル距離ニアル。従ッテ国内一般民衆ハ大陸デ現ニ大戦争ヲシテイテモ生々シイ戦イノ惨禍困苦トイウヨウナ体験ヲ持タズ」にいる。これでは「挙国総力ノ戦争遂行」ができない。それゆえ対国内宣伝によって、「内地国民ヲシテ非常時局ノ雰囲気ニ投ゼシメ現地感ヲ体得セシメ」なくてはならない。そのためには現地が「主動的地位ニ立ッテ内地ヲ指導シ鞭撻《べんたつ》スルコトが重要デアル」。

このように国内に対する宣撫工作の重要性を強調した上田は、宣伝の具体策として、従軍記者を手厚く扱い、新聞社、通信社に速報の情報や写真を「各社平等ノ取扱」の下で与える、と指示を出している。

さらに兵士たちの帰還それ自体が国内に対する宣伝工作だった。彼らは「召集解除後ハ国民ノ中堅トシテ国民精神総動員運動ノ核心トナリテ大ニ活動シ更ニ銃後奉公ニ貢献スル如ク努力スル」ことになった。[35]

帰還兵たちは、どのような考えを内地に持ち帰ろうとしたのだろうか。

出征軍人たちが現地で「不満ト反感」を抱いたのは、「戦地ニ進出シテ来テ居ル資本家」に対してだった。これらの国策会社の「社員中ニハ非常ニ贅沢ヲシ、又ハ豪遊ヲ極メルモノガアリ、軍人ノ労苦ニ対シテ少シモ敬意ヲ表セズ、傲慢ナモノガアル。之ガ為軍人ハ資本家ノ横暴ニ対シ非常ニ反感ヲ持ッテ居ルモノ」がいた。[36]

憤慨した兵士のなかには、中国の「抗日、排日思想」の原因を、進出日本企業の行動原理と同じ「功利主義、資本主義、没道義」に求める者もいた。「事変地ヨリ内地ニ帰還スル軍人ノ思想ハ概ネ穏健デ軍紀モ亦概ネ厳正」ではあったものの、帰還兵たちはこのような反資本主義、道義性を強調する考えを持っていた。

このような考えを抱く兵士たちは、帰還後、軍隊組織における平等化への意志を固める。たとえば「内地帰還後ハ将校兵卒ノ差ヲ一様ニスル如ク改善ヲ計ラネバナラン」と内地に送った手紙に書く者や、「将校ハ多額ノ俸給ト戦時加俸ヲ貰ッテ贅沢シテ居ルガ、兵隊ハ僅カノ給料シカ貰エナイ」と不満をもらす者もあった。

平等化を求める思想は、共産主義、社会主義思想との親和性が強い。戦場の兵士のなかには、内地の社会大衆党の党員宛に、戦争の悲惨さを訴え、「反戦的言辞ヲ弄スル」手紙を送る者すら出てきた。このように戦場から銃後に向けて、国内の平準化を要求する政治的な経路として、無産政党があったことに注目しておきたい。

内地からの手紙は、出征軍人たちの思想を補強した。内地から手紙を受け取った兵士たちは、たとえばつぎのように国内の「社会的不均衡ノ状態」と「家族ノ困難ナル状況」を知ることになった。戦時統制経済下、「平和産業」では失業が増大しているのに対して、「軍需工業ハ素晴シイ景気デ資本家ハ莫大ナル利益ヲ得豪勢ナ生活ヲ為シ」ている。また軍需工場の労働者の賃金は上昇し、休日には「大威張リデ家族ヲ引キ連レ温泉ヘ遊ビニ行ク者」が多い。

内地の困難な状況を憂えた兵士たちのなかには、中国共産党の宣伝戦に呼応し、投降のうえ、自ら進んで捕虜となる者が現れた。共産党の巧みな宣伝戦に対して、「『日本ノ軍隊ハ大和魂ガアルカラ大丈夫ダ』ト云ッテ安心シ油断スルコトガ最モ危険デアル」と警戒しなければならないほど「軍人ノ思想ハ益々悪化」していた。

出征軍人たちの思想の「左傾化」を抑制するために、軍当局は、「軍人ノ思想悪化ノ原因トナルベキ諸要素ヲ努メテ除去スベキ方策ヲ講ズル事」が必要になった。具体的には「内地ニ於テ出征軍人ノ家族、戦死者遺族、傷痍軍人等ニ対スル待遇、生活ノ救助、失業ノ救済、物価騰貴ノ抑圧、物資ノ配給等社会政策、経済政策ヲ適切ニ実行スル事」などである。[37] 単に出征軍人の待遇改善に止まらず、経済社会システムの再編にまで及ぶ内容となっている。

これらの政策が部分的にであれ、実現することによって、軍当局の意図とは裏腹に、事実において、銃後の社会の平準化が進んでいくことになる。

「ペン部隊」は何を伝えたか——岸田國士の従軍報告

戦場から内地に向けての宣伝の手段として、軍当局が考え出したのは、新聞社や通信社の記者だけでなく、文化人を従軍記者に動員するということである。軍当局は、作家、音楽家、画家のグループを作り、戦場に派遣する。音楽家のグループは、「円盤《レコード》部隊」と呼ばれた。西条八十《さいじょうやそ》らがメンバーだった。画家のグループには藤田《ふじた》嗣治《つぐはる》がいた。藤田は、雑誌『兵隊』の表紙の絵を描いている。

作家のグループは、新聞が「ペン部隊」としてもてはやした。その第一陣二二名は、陸軍班一四人、海軍班八人の二つの班にわかれて、昭和一三（一九三八）年九月中旬、大陸へ向けて出発する。「ペン部隊」の人選基準は、よくわからない。しかし選ばれた誰もが当時の国民的人気を博していた。尾崎《おざき》士郎《しろう》、菊池寛、久米正雄、吉川《よしかわ》英治《えいじ》（当時、『朝日新聞』に『宮本武蔵』を連載中だった）といった名前を挙げるだけで十分だろう。[38]

彼らを動員したのは軍当局である。しかし、軍当局の意図したとおりの役割を果たしたかは、実際に「ペン部隊」のメンバーの活動をみてでなければわからない。

以下で最初に取り上げるのは、岸田國士である。陸軍班の「ペン部隊」の一員として、漢口に派遣された岸田は、一一月に従軍報告を『朝日新聞』へ送っている。

岸田にとってもこの戦争は、今までに経験したことのない、まったく新しい戦争だった。岸田は日中戦争を「戦略的にも、戦術的にも、これを一般の前例に当てはめることはできない、全く、風変りな戦さである」と表現する。

なぜ「風変りな戦さ」なのか。すでに中国の主要拠点をほとんどすべて占領しているにもかかわらず、戦争が終結することはなく、「平和建設の困難な工作」をつづけなければならなかったからである。岸田によれば、日本軍は中国の「抗日分子」と「良民」とを明確に区別して、「日本の理想を大陸に行わんとする基礎を示さなければならぬ」。これを実現しなければ戦争は終わらない。そうである以上、「戦線は無限に広い」と岸田は、銃後の国民に向かって、覚悟を促した。[39]

このような新しい戦争を戦うためには、「武装せる日本」だけではなく、「武装せざる日本」が重要である、と岸田は強調する。日本は中国に対して、「文化国日本の矜持に相応しい『生き方』をしてみせ」なければならない。岸田はこの目的のために、「文化的教養」を身につけた日本人が大陸へ「自発的進出」をおこなうべきだと主張する。[40]

他方で岸田が現地を訪れて目を見張ったのは、すでに欧米の影響力が中国社会の隅々にまで行き渡っていることだった。岸田は「地方の小都市に於てすらマリヤのような白色の尼僧が、貧民の娘たちに見事な刺繍を教えている姿」に心打たれている。岸田に言わせれば、「日常的には宗教の名に於て、その優越せる近代文化面の誇示と利用」によって、中国人を

「信頼させ、人間愛と社会的良心との巧《たく》まざる発露を感じさせることに成功」していたのは、日本人ではなく、欧米人だった。岸田は「われわれ同胞は、男女を通じて、欧米人の彼地においてなしつつある程度のことを、なし得ない道理は断じてない」と強調する。中国の欧米依存を改めさせるには、すでに欧米がおこなっている程度の文化工作を展開しなければならない。岸田が国民の前に示したのは、このように皮肉な結論だった[41]。

中国における日本の文化工作が欧米の水準をはるかに下回る貧しいものだったことを思い知らされた岸田は、国内に向けて、ほとんど全面的な日本文化批判を展開する。「日本及び日本人の幾多の美点にも拘《かか》わらず、文化というものに対する考えの狭さ、固苦しさ、国家の発展という問題に対する希望の不透明、一種のファナチスムは、なんとかならないものかと思う。日本文化の宣伝に日本の自然や単なる特殊性を持ち出す非常識が繰り返され、西洋は物質文化、東洋は精神文化などという無意味なスローガンを生んだりする幼稚さを脱しられぬものだろうか[42]」。

「西洋」対「東洋」の図式化された対立において、「東洋」の「精神文化」の優位性を主張する。岸田はこのような考えの「幼稚さ」にがまんならなかった。岸田は、日本が日本文化の「特殊性」に埋没し、普遍性を獲得できないでいることにいらだった。

岸田の批判は、軍部・政府の戦争目的にまで及んでいる。「忌憚《きたん》なく云えば、今度の事変に関係してでも、わが当局が、支那の農民や苦力《クーリー》をつかまえて、『防共、防共』と叫んでいる宣伝方法は、適当かどうか」。現に惨禍のなかにある中国の民衆に向かって、日中戦争をイデオロギー的に正当化するのは、きわめて困難だったにちがいない。

以上を踏まえて岸田は、国内社会にきびしい要求を突きつける。「内に正しい文化を推進する力なくして、外にこれを伸ばそうとしても、それは労して効なきわざである」。岸田の文章の副題は、「外に伸びる力を内に養え」である。この副題が示しているように、岸田は、戦場で中国に対する文化工作の問題を考えるうちに、国内で新しい文化を創造することこそが大切であるという結論に達した。

「ペン部隊」は何を伝えたか――林芙美子の「感じたままを銃後婦人へ」

岸田の陸軍班「ペン部隊」には、女性が一人同道していた。林芙美子である。林に与えられた役割は、「銃後の女性が直になすべきことはなにか?」を戦場から伝えることだった。

林の報告は、戦地の病院で献身的に働く看護婦たちの姿を印象的に伝えている。また林は前線に近い病院で、木綿の包帯が不足していることに気づいた。林は、内地で「木綿の買溜《だめ》をなすった奥さんや木綿のストックを持っていられる奥さんたち」に苦言を呈した。それらを包帯にして戦地に送るべきではないか。林は銃後の女性たちを批判した。

より深刻だったのは、看護婦の不足である。林は「いま内地でレヴュー・ガールや映画女優にあこがれている女性が沢山あるのに、この人々が戦地の看護婦という女性として最も崇高な仕事にあこがれを持ち、ドシドシ志願されたり、従軍の嘆願などされる」ことを訴えた。林は暗に、銃後の女性たちが個人主義的な消費社会の退廃に浸っていることを批判し、「看護婦」に象徴される公共精神を支える女性たちによって、新しい日本の文化が創造されることへの期待を語っている。林も岸田と同様に、戦場から銃後の社会の改革を志向する流れのなかで、従軍報告を送った。[43]

日本の文化の担い手――小林秀雄の中国報告

「ペン部隊」以外にも、新聞社や出版社の特派員として大陸に赴いた文化人がいた。すでに名声を確立していた文芸評論家の小林秀雄もその一人である。新聞に掲載された小林の「支那より還りて」は、中国の現地報告であるにもかかわらず、中国のことよりももっぱら日本国内のことを論じている。

小林は、最初に軍や政府の文化人の扱い方を批判する。「国策に添う文学を文学者に書かせる都合のいい理論を発明しようと頭をひねる方がよっぽど空想的である。そういう人間と思想との微妙な関係、或は民衆が動く機微というものに心を労せず、文化政策を行おうとするから、政策が濶達《かったつ》さを欠き、効果も上らない事になる」。

さらに小林は、より直接的に当局の関与を批判する。「文学者をただぶらりと支那なぞにやって何を書き出すか知れたものではないという風な考え方は一切止めて欲しい」。当局の考え方には「自由主義がいけない」という思想があると指摘した上で、小林は、自由主義を擁護する。「自由主義がいけないというが、僕等は何と日本的な自由主義を育てて来ただろうか」[44]。

小林は、戦争によっても影響を受けない思想の原理の重要性を強調している。それは自由主義を基調とする、「事変以前まで、僕達が育てて来た尋常な文化」のことだった。小林は「還って来ても考え方が変らぬ」、「ただ僕の自信は深まった」と述べている[45]。

以上に明らかなように、小林が軍部に迎合したり、時局に便乗したりしたことは一切なかった。小林は自分の目で見、自分の耳で聞き、自分の頭で考えたことだけを信じた。またこの意味での自由主義者として、日中戦争によってもぶれることのない思想を守ろうとしていた。

小林秀雄（左）と火野葦平（毎日新聞社）

その小林が記したつぎの一文に接する時、私たちは、小林の前言にもかかわらず、この戦争がどれほど重大な影響をもたらしたかを思い知らされることになる。

「支那に行って、軍人達に会い、戦の話を聞き、戦というものを最も沈着に健康に人間らしく理解しているものはぎりぎりの所戦を体験している軍人である、軍人だけである、と痛感した。戦という異常事を平静に生きている軍人達の顔は、皆例外なく人間らしい。／戦を日常茶飯事としている一種の人種もあるよといった顔をしている銀座街頭の文化人どもよ。僕には君等の顔の方がよっぽど化物染みて気味が悪い」[46]。

小林は、自由主義者として育んできた日本の文化の担い手を、「銀座街頭の文化人」ではなく、戦場の兵士たちに期待するようになった。

注

1. 『兵隊』第三号（昭和一四年六月）一六頁。なお、この章のテーマである兵士たちの戦争体験に関する先駆的な研究として、吉見義明『草の根のファシズム』（東京大学出版会、一九八七年）がある。
2. 『兵隊』第五号（昭和一四年七月）一〇頁。
3. 『兵隊』第四号（昭和一四年七月）二二頁。
4. 『兵隊』第一七号（昭和一六年二月）二四頁。なお、「中国人」とあるのは引用の誤りではない。原文の表記のとおりである。
5. 『兵隊』第二〇号（昭和一六年六月）二二頁。
6. 『朝日新聞』（昭和一二年七月三一日夕刊）。
7. 井上寿一『アジア主義を問いなおす』（ちくま新書、二〇〇六年）一五六頁。
8. 『朝日新聞』（昭和一二年一一月一一日）。
9. 『朝日新聞』（昭和一三年一月一八日）。
10. 『朝日新聞』（昭和一四年一月一六日）。

11. 『朝日新聞』（昭和一三年一一月一二日）。
12. 『朝日新聞』（昭和一四年六月三日）。
13. 『兵隊』第三号（昭和一四年六月）二七頁。
14. 『兵隊』第六号（昭和一四年八月）一九頁。
15. 同右、二一〜二三頁。
16. 同右、八頁。
17. 『兵隊』第八号（昭和一四年九月）一五〜一六頁。なお、引用文中の「中国」は原文の表記のとおりである。
18. 『兵隊』第二五号（昭和一七年九月）四九頁。
19. 『兵隊』広東攻略一周年記念特別号（昭和一四年九月）五六頁。
20. 『兵隊』第一一号（昭和一五年一月）二五頁。
21. 『兵隊』第一号（昭和一四年五月）一頁。
22. 『兵隊』第一七号（昭和一六年二月）三頁。
23. 『兵隊』第一四号（昭和一五年四月）二三頁。
24. 粟屋憲太郎・茶谷誠一編集・解説『日中戦争　対中国情報戦資料　第二巻　昭和一三年』（現代史料出版、二〇〇〇年）一七九〜二〇三頁。
25. 『兵隊』第二二号（昭和一六年一〇月）九頁。
26. ジョン・ダワー（三浦陽一・高杉忠明訳）『敗北を抱きしめて　上』（岩波書店、二〇〇一年）七六頁。
27. 『兵隊』第二号（昭和一四年五月）九頁。
28. 粟屋・茶谷編集・解説、前掲書、一七七頁。
29. 同前書、二〇五頁。

30. 同前書、二〇七〜二〇八頁。
31. 『朝日新聞』（昭和一四年八月一七日）。
32. 粟屋・茶谷編集・解説、前掲書、二一四頁。
33. 以下の記述は、同前書、二九二〜三〇四頁に拠る。
34. 粟屋憲太郎・茶谷誠一編集・解説『日中戦争　対中国情報戦資料　第三巻　昭和一四年』（現代史料出版、二〇〇〇年）二〇三〜二一〇頁。
35. 同前書、三七二頁。
36. 同前書、三六四頁。
37. 以上の記述は、同前書、三二七〜三八一頁に拠る。
38. 櫻本富雄『文化人たちの大東亜戦争』（青木書店、一九九三年）二一頁。
39. 『朝日新聞』（昭和一三年一一月一二日）。
40. 『朝日新聞』（昭和一三年一一月一三日）。
41. 『朝日新聞』（昭和一三年一一月一四日）。
42. 『朝日新聞』（昭和一三年一一月一五日）。
43. 『朝日新聞』（昭和一三年一〇月五日）。
44. 『朝日新聞』（昭和一三年五月二〇日）。
45. 『朝日新聞』（昭和一三年五月一九日）。
46. 『朝日新聞』（昭和一三年七月一〇日）。なお小林が中国大陸で遭遇し「戦というものを最も沈着に健康に人間らしく理解している……軍人」の一人に、火野葦平がいたことは、ほぼまちがいない。なぜならば、火野が『麦と兵隊』の一節に、「私は、ふと上海で、小林秀雄君が来た時、戦争と宗教と戦争心理学とまごころとの話をしたことを思い出した」と記しているからである（火野葦平『土と兵隊・麦と兵隊』新潮文庫、一九五三年、二一八頁)。

Ⅲ章　戦場から国家を改造する

1　文化工作による国家の改造

「国民協同体」

銃後の内地から戦場の大陸へ、作家が、画家が、音楽家が、ある者はグループで、他の者は一人で、つぎつぎと赴いた。中国をめざす隊列のなかに、蠟山政道《ろうやままさみち》がいた。行政学担当の東京帝国大学教授の蠟山は、近衛（文麿）内閣の助言者集団、昭和研究会の有力なメンバーとして、政策に直接、影響を及ぼすことができる立場にいた。

蠟山は、小林秀雄と入れ替わるかのように、昭和一三（一九三八）年の夏、上海から北京へと大陸を旅している。四五日間の慌しい旅行の間に、蠟山は「身は戦線にあるという印象を力強く感得した」。「愛国行進曲や露営の歌のメロディも、内地においてとは別種の感情を抱きながら耳にした蠟山は、頭のなかで考えていた「経済建設や文化工作の問題」が「一つの大きい『いくさ』の一部分」であることに気づいた[1]。

蠟山政道

帰国後、蠟山は、現地調査の見聞をもとに、思索の結果を雑誌に発表する。テーマは、日中提携による「東亜協同体」を形成する日本側の主体としての「国民協同体」論である。蠟山によれば「国民協同体」とは、「『国家』よりも一歩深く……民族又は国民に近接してその意味又は目的の充実を確保すべき新秩序」のことであり、同時に「『国家』の概念的には対立の地位におかれた『経済』や『社会』をも包含した立体的な社会的存在」のことであるという。

以上、一読しただけではすぐにわかるような議論ではない。それでも蠟山が構想していたのは、「国家」の概念を相対化し、多様な役割を果たす、国民のための「協同体」だったと推測することができる。

蠟山によれば、「国民協同体」は、事実において、形成されつつあるという。なぜならば、戦時体制の下、「統制経済」や「計画経済」が「国民協同体」の形成を促す合理的な作用として働いているからである。

ただしそうした「協同体」を形成する合理的な作用は、たとえば「生産力の拡充」、あるいは「消費の節約」や「物価の抑制」などといった個別のレベルに止まっている。部分的な合理性を寄せ集めても、真の「国民協同体」は確立しない。なぜならば「日本民族の東亜及び世界における国民的使命に連関しているが故に、単なる国内問題としての企業や階級の問題でなくして、全体としての民族の問題に拘束され結合されざるを得ないからである」と蠟山は説明している。

それではどうすれば「国民協同体」は確立するのか。蠟山は、「既成の政治行政の機関又は団体が、『全体主義』の名において国民に対して上から或は外部より強制することはできない。それは専制又は独裁の別名となってしまう」と否定している。「議会や政党の禁止ではなくて国民組織の再編成」を作用として「国民協同体」を形成する。これが蠟山の答えだった。[2]

蠟山の主張は要するに、「下」から、「内部」から、議会や政党をとおして、国民組織を再編成することで、「国民協同体」を形成すべきであるということだった。

日中戦争を契機として、「東亜協同体」(=国際新秩序構想)が「国民協同体」(=国内新秩序構想)と相互連関の関係にあることは、昭和研究会系の他の知識人たちも共有していた。たとえば新明正道は、つぎのように指摘している。「東亜協同体の枢軸として活躍すべき日本が先ず……新しい原理に立った強力な組織を国内的に確立していなければならない」。[3]

新明にとって国民の再組織化とは、「自由主義的な組織」を克服することが目的だった。なぜならば、〈自由主義〉は、「政治と経済の分離、国家と他の自由的集団の対立、資本主義の独占化とこれから由来する害毒等」をもたらすからである。[4]

新明がめざしたのは、「全体的な変革」だった。「国家は社会となり、社会は国家と成らなければならない。又、政治は経済となり、経済は政治とならなければならない」。このような「全体的且つ徹底的な社会の組織化」によって、〈自由主義〉的な国内体制を「変革」する。そうなれば日本の民主化が進む。新明はそう考えた。[5]

もう一人の昭和研究会の有力なメンバーで、すぐれたチャイナ・ウォッチャーだった尾崎《おざき》秀実《ほつみ》も同様な観察を記している。尾崎は、日中戦争の拡大に伴って、国民再組織論が台頭してきたのは、「東亜問題の重要性を痛感するとともに、これと国内政治の変革とを不可分のものなりと考えたことを示すもの」だからであると的確に分析する。[6]

尾崎秀実

他方で中国ナショナリズムを正当に評価する尾崎は、「『東亜協同体論』がいかに惨めにも小さいかはこれをはっきりと自ら認識すべきである」、と中国側に「東亜協同体」論を受け入れる余地がほとんどないことを指摘した。[7]

それでも尾崎は、「東亜協同体」論と「東亜制覇の雄図を基として描かれた他の諸々の東亜民族の大同団結的計画案」とを区別し、前者の「東亜協同体」論に「謙虚さ」を見出して肯定的に評価している。なぜならば、「東亜協同体」論は、「支那における民族問題の意義に気づき、翻って自国の再組織へ想い到った真剣さ」があるからだった。[8]

このような「謙虚さ」や「真剣さ」を持っていたのは、誰だったのか。尾崎によれば、出征兵士たちだった。尾崎は、彼らの純粋さを認めて、兵士たちが「何等かの代償を要求して尊い血を流したのではない」と断言する。尾崎は言う、「『東亜における新秩序』の人柱となることは、この人々の望むところであるに違いない」と。[9] 尾崎の見るところ、「東亜協同体」論と「国民再組織」論とを結びつけたのは、兵士たちだった。

文化戦争としての日中戦争

兵士たちは、「東亜協同体」と国民再組織とを文化工作によって結びつけた。中国との戦争は、軍事的手段以上に、非軍事的手段＝文化工作が重要だった。なぜならば、文化戦争としての日中戦争をとおして、対外的には「東亜協同体」、国内的には国民再組織を実現することが、この戦争の目的だったからである。

日中戦争の原因は中国の「抗日」姿勢にある。他方で、中国の「抗日」を招いたのは、日本の文化工作が不十分だったからである。このような反省のうえに、日本側は中国の民衆を対象とする文化工作の本格的な展開を試みる。

具体的には、治水工作、農工開発、耕作改良、医療支援、学校改善などといった、いわば政府開発援助政策を検討している。文化工作は、軍事行動とは対照的な、「支那大衆ノ生活安定」が目的だった。

中国の民衆は、これらの文化工作をどのようにみていたのだろうか。日本の領土的な野心や政治支配を疑っていたことはまちがいない。日本の政策立案者は、中国民衆が疑いの念を抱いていることを前提として、注意深く対策を講じている。彼らは、一方では「支那ノ民情ニ適合」する文化工作によって、中国に「善政」を施しながら、他方で日本の側の「対支認識ノ改善徹底」を図っていた。[10]

文化工作を重視したのは、もう一つの理由があった。日中戦争は文化戦争であり、この戦争を戦いながら、新しい文化の創造をめざしていたからである。新明正道は、新しい文化の創造の意義を、「東亜協同体」が形式的な「政治的連盟」や「経済ブロック」ではなく、「東亜諸国民の全社会的な連帯の組織」にするための基礎である、と位置づけている。[11]

新しい文化はどうすれば創造することができるのか。新明によれば、日本文化の優越性を中国に強制することによってではなく、「東亜の諸国民が文化的な交流や協力を盛にやってゆけば、やがて東亜に連帯的な新文化の要素が現れて来る」という。[12]「東亜」地域で自発的な文化交流の拡大と協力のネットワーク化が、新しい文化を創造する。新明はそのような文化を基礎とする「東亜社会」を構想していた。

さらに新明は、新しい文化を創造するために、日本国民に対して、高い倫理性を求めている。「我々はこの道徳的な責務を自覚した日本人として行動してゆく覚悟がなくてはならぬ。新東亜社会の建設は我々が一段と高度の道徳感を有《も》った日本人として立つことを要求している[13]」。

日本国民はこのようなモラルを持つことができるのだろうか。新明は、「峻烈な自己批判を敢行してゆく道徳的な勇気を喚起しなければならない」と覚悟を促しつつも、意外なことに、「これは我々がすでに事変を通じて実践して来たところであった」と言っている。なぜ同時代の日本国民は、日中戦争をとおして道義的な自己批判をしていたと言えるのだろうか。

新明正道と火野葦平

新明が「機会ある毎《ごと》に自己批判を行って来ているのは事実である」として挙げているのは、火野葦平の名前である。

「事変後に現れた戦争文学の白眉たる火野葦平の『麦と兵隊』にせよ、『土と兵隊』にせよ、戦争記録的なもののなかにかなり多くの道徳的反省を含んでいる。しかも、此の要素あるが故に反《かえ》って火野文学の読者が増大したとさえ考えられる。……我々はこれを端的にむしろ日本人の道義感の発露と考えることによって一層その特質を明かにすることが出来るのではないか[14]」。

新明は、戦場からの火野のメッセージを受け止めた。内地の国民も同じである。国民は、内省的な火野が抑制された筆致で描いた戦争文学を支持した。火野が国民的な作家になったことは、日本国民が道義的な自己批判をおこなっていたことを象徴していた。

要するに新明によれば、火野に代表される出征兵士たちが新しい文化の創造による「新東亜社会」の建設という道義的な使命感を国民に抱かせた。戦場からの「新東亜社会」の建設をとおして、国内社会を変革する。新明は、日中戦争に社会の変革作用を見出した。

日本主義とアジア主義の相克

文化戦争としての日中戦争を戦うためには、蠟山が指摘しているように、「皇軍ノ勇猛果敢ナ進撃ニノミ万事ヲ依頼シテ居ルベキデナイ。東洋学者、文化科学者、哲学者ノ総動員ガ必要」だった。このような国内体制の確立に動員された哲学者の一人が、昭和研究会のメンバーでもあった、三木清《みききよし》である。

三木清

三木は日中戦争の目的を「日支ノ提携ヲ新タニ建テルコト」に求めている。他方で三木は、この戦争の目的である日中提携から日本主義的なイデオロギーを排除することに努めていた。「今次ノ支那事変コソ、日本ノ思想ガ単ニ『日本的ナルモノ』ニ止マリ得ナイコトヲ最モ明瞭ニ要求シテイルノデア

白鳥敏夫

ル」[15]。三木にとって、日本の思想は、日中戦争をとおして、日本主義を乗り越えなければならなかった。そうでなければ新しい文化を創造することなどできなかった。

三木と同様にこの戦争の文化的意義を強調し、大陸における軍事行動と国内における思想運動との相互連関に注目する人物がいた。昭和一三年に駐イタリア大使となって、日独伊三国同盟を推進する外交官の白鳥敏夫《しらとりとしお》である。

ただし、白鳥と三木との間には、際立ったちがいがあった。白鳥は、三木が批判した日本主義のイデオロギーによって、戦争を正当化していた。白鳥が掲げる日中戦争の目的は、「内ハ一君万民ノ国体ヲ明瞭ニシテ天皇政治ノ確立ヲ期シ、外ハ亜細亜ノ諸民族ヲ列《つら》ネ、自ラソノ盟主」となることである。白鳥は、反欧米＝日中「提携」の基調となる思想を、「万古無比ノ皇国体」に求めている。これでは、日本主義の押しつけである。

これに対して三木は、「科学的精神ヲ排斥スルヨウナ日本精神」に反駁を加える。西洋のような「科学的文化ノ伝統」がない日本で精神主義を唱えることは、「文化ヲ根本カラ破壊シテシマウ危険ヲモッテイル」からだった。

内容空疎な精神主義＝日本主義に代わって、三木が打ちたてようとしたのは、「一旦自分ヲ支那ノ立場ニオイテ抗日思想ノ意味ヲ考エ」ながら、「具体的ナ内容ヲ有スル積極的」で、中国の「立場ヲモ包括シ得ルヨウナ博大ナ思想」だった。[16]

白鳥の日本主義と三木のアジア主義との相克において、前者の勝利と後者の敗北をあらかじめ想定することには留保が必要だろう。同時代における思想状況の分布は、流動的だったからである。

三木の精神主義＝日本主義批判は、カント研究の哲学者、天野《あまの》貞祐《ていゆう》も展開している。「西洋ハ物質主義、ワガ国ハ精神主義ナドイウコトハ真実デナイ」と言いきる天野は、科学主義の立場から「物質ヲ越シタ精神ニ対スル信頼トイウ如キモノガ我々ノ社会ノ何処ニ原理トシテ働イテイルノデアロウカ」と反問している。[17]

意外な人物も三木と類似した立場に立っていた。陸軍皇道派のトップ荒木《あらき》貞夫《さだお》大将である。もっとも日本主義的、精神主義的だったはずの荒木は、イメージとは異なり、日本一国主義を否定して、日中「提携」論を唱えていた。「我々ハ……日本ノミガ繁栄スレバイイトハ考エテ居ナイ。ソウ考エナイ事ガ即チ我等ノ真ノ文化精神ナノデアルカラデアル。……東洋ノ繁栄ヲ期シ世界ノ平和ヲ期スル……然ル時第一ニ先ズ倶ニ語ラント欲スルノハ支那デアル」[18]。しかも荒木は、欧米文化を排撃するのではなく、

荒木貞夫

欧米文化の「行詰リヲ是正」することが日中戦争の文化的な意義と考えていた。[19]

もとより荒木は、日中「提携」の思想的基礎として、「国体」を高唱する。ただしそれは、「先方ノ事情ヲ充分ニ察シテ事ヲ進メ」、中国の立場も包み込むような「包容性」と「弾力性」に富むものだった。[20] 荒木の「国体」論が白鳥の日本主義と異なるものだったことは、明らかである。

文化工作に期待する労働者や農民たち

日中戦争がもたらす国内社会の変革に賭けたのは、内地の労働者や農民たちである。たとえば日本労働組合会議が昭和一三（一九三八）年二月に出した建議書は、つぎのように労働者の地位の向上を求めている。「対支文化工作の基調は、労働者農民一般民衆の生活擁護と救済を基礎とする文化生活の向上にある。然るに若し日本が産業開発に急なるの余り資本の営利を偏重し、勤労大衆の生活を犠牲にするが如きことあれば、日支親善並に提携の第一歩を誤るものと断ぜざるを得ない」。[21]

「対支文化工作」の目的を逆手にとって、中国に向けたものを日本国内にも要求する彼らは、より具体的に、労働時間や賃金制度、福利施設などを含む「基本的労働政策の樹立」、農民に対する「農作物の種子の給付」、「農事改良の指導」、あるいは「初等教育の普及」、医療施設の整備などを訴えている。中国に対する文化工作は、国内改造の手段にもなっていた。

国民精神総動員運動

他方でこのような労働者や農民を再組織化するために、政府は昭和一二（一九二七）年一〇月から国民精神総動員運動（精動運動）を展開する。この運動は、内閣情報部の文書に記されているように、単に戦時体制確立のための精神運動に止まることなく、「政治、経済、外交、国民問題の実際運動に延長」することを意図していた[22]。

国民精神総動員運動のもっとも重要な拠点となったのは、農村である。農村は「事変ニ対スル総《あら》ユル犠牲ニ耐エントスル覚悟ヲ有」していた。それゆえ「農村ニ於テ犠牲ノ重加セラルル場合戦争継続ニ破局ヲ生ズル虞」があった。そうならないためには、「其ノ犠牲ハ常ニ都市ト農村ニ於テ平衡化サルルヲ要」した[23]。この観点から政府は、国民精神総動員運動を、農村経済更生運動として展開する。

国家は、運動の主要な担い手である小作農民を守ろうとした。内務省警保局は、合法的な小作争議の擁護を指示している。「地主ノ攻勢的態度ニ因《よ》ル小作料値上要求等ノ争議ニ対シテハ相当積極的ニ地主ノ反省ヲ促スコト[24]」。地主と小作農民の立場は逆転する。

農民についでこの運動を支えたのが、帰還兵たちである。彼らは声高に精神運動を唱えることはなかった。帰還兵たちは、「戦死傷者及現地ニ奮闘シツツアル戦友ノ身ヲ偲ビ、又銃

国民精神総動員中央連盟発足式

後後援ノ諸施設ニ感謝シ、帰還兵トシテノ矜持ヲ持シ、自粛自戒克《よ》ク各自ノ職場ニ精励シツツ」あった。他方で、「戦地ニ於ケル犠牲ガ甚大ナリシニ拘ラズ、国内特ニ議会ノ状態ヨリ観テ旧態依然タルニ憤慨シ、国家革新」を主張する者もあった[25]。

帰還兵たちは「実戦ヲ体験セル関係上事変ニ対スル関心、時局認識等ハ極メテ深刻且ツ真剣」だった。戦地において想像していたのとは異なり、「銃後国民ノ精神ガ弛緩シ居ルコト」に衝撃を受けた帰還兵たちは、国内のあらゆる不平等に対する是正を要求するようになる。都市と農村、「軍需工業」と「平和産業」、「有産階級」と「無産階級」、内地残留兵と出征兵、上官と部下、「指導階級」と被「指導階級」、上層階級と下層階級、これらの後者から前者に対する平準化を求める運動として、帰還兵たちは国民精神総動員運動を推進していくことになる[26]。

国民精神総動員運動は、国家総力戦体制確立のための官製運動だったはずである。ところが実際には、この「下」から「上」へ平準化を要求する運動の対象は、「官」も例外ではなかった。全国各地の代表者たちの報告は、官公吏への不満であふれている。官公吏の上層部に運動に対する熱意がないことを問題視するそれらの報告は、役人こそが率先垂範すべきであると強調している。

役人への批判は詳細をきわめている。たとえば戦時景気に沸く国内では、「花柳界が繁栄し軍人や官吏が最も多く出入」しており、「官吏は実践の範を示すの実なし」というありさまだった。「官吏の自粛自戒」のためには役人が地方に出張する際の「歓迎宴を遠慮するようにする」べきである。「官庁のボーナス」は、「人心に疑惑を生ぜしめ本運動に対する悪影響甚大なるを以て……政府が善処せらるる事肝要なり」[27]。地方の代表者たちは、このように提言した。新聞紙上においても同様に、「まず官自体の精動がなされねばならぬ」として、政府当局者が「日の丸弁当、草鞋穿《わらじば》きの全国遊説ぐらいの覚悟を必要とする」と批判している[28]。

以上にみた国民精神総動員運動を「ファシズム運動」と誤解すると、日中戦争をとおして変容する日本社会の歴史的な意味を見失うことになる。なぜならば第一に、この運動は政党組織を否定していないからである。第二に、この運動は、日本主義のイデオロギーを批判していたからである。

第一の点について、この運動は政党と対立するのではなく、政党にも及ぶものであり、政党と協力しながら進めることをめざしていた。たとえば内閣情報部の第五回精動委員会（昭和一四年五月二五日）では、ある委員が「今日政党の暗いところを攻撃するという態度はよくないと思う」と意見を述べて、「ワシントン条約ロンドン条約に関することはその当時にあっては政治的に相当の意義があった」と、海軍軍縮条約を結んだ政党内閣に対して、肯定的な評価を与えている。[29]

またこの運動は、選挙粛正運動としても展開する。選挙粛正運動は、「自由主義」的な政党の候補者をあらかじめ排除するねらいがあった。他方で事実において、選挙費用は軽減され、不正も減少した。[30]国民精神総動員運動は、政党を否定するのではなく、その弊害を取り除きながら、本来の姿に立ち返ることを要求する側面があった。

第二の点について、たとえばこの運動の「欠陥として今後是正されるべき点」として、内閣情報部の文書は、つぎのような反省点を記している。「日本精神の発揚、社会風潮の一新では抽象的なる為迫力に乏し」[31]。あるいはより強く「神話的回顧的日本主義の廃棄」を主張する意見もあった。[32]要するに、ある精動委員会委員の発言にあるように、「肇国《ちょうこく》の大理想とか八紘一宇《はっこういちう》とかいう精神問題の内容が明瞭を欠く」ものだった。[33]

このように国民精神総動員運動は、政党政治を排除することなく、国内の民主化を一歩先に進めようとしていた。

2　政党政治への期待

精動運動と政党政治

選挙粛正運動が政党政治の腐敗や金権体質の是正を目的としていたように、精動運動は、本来、政党政治を乗り越えるべきものだった。しかし、政党政治を排除しなかったのは、この運動が政党に代わる政治組織をめざしながら、運動に内在する問題ゆえに、政党を容認せざるを得なくなったからである。

この点に関して、第五回精動委員会において、ある委員がつぎのような発言をしている。「政治問題を議し政治運動とする方向に方針を定められたいと希望する。精動は政治問題であり国民運動であるという根本方針を確立すべきである。それは難しいことに違いないが真剣にやろうとすればやむを得ないことと思う。或は政党組織や国民組織にまで及ぶことが必要である[34]」。

この発言が示しているように、精動運動は、当初、政党組織を吸収し、軍部、官僚、政党が一体となって、国民再組織の体制を確立し、その体制の下で、議会制度の改革もおこなう予定だった[35]。

別の委員も同様に、「既成政党解消の必要」を訴えている。その具体的な内容を質《ただ》されると、この委員は「西洋流の政党組織はこの際潔よく自粛自戒されたいという意味である」と答えた。これに対してさらに「その方法は別の政治結社を作る意味かどうか、その方法を承りたい」と問われると、答えは「それは自から生れて来るものと思う」と急にあいまいなものとなってしまった。[36] しかし、政党政治を克服する政治組織が必要だった。精動運動が政党政治を乗り越えるためには、新たな政治組織が必要だった。

さらに選挙制度のレベルで、精動運動を政党に波及させることすら、簡単ではなかった。「選挙の種本を政府が作るということには困難がある」と政府側委員自らが認めている。「選挙に関することは全然知らない」とさじを投げる委員もいた。[37]

問題の複雑さから、「政党に関する点は精神総動員ということの席上で論議することはどうかと思われる」とある委員が疑問を呈しているように、精動運動のための新たな政治組織を作ることに、委員たちは消極的になっていく。

たとえばある委員は、より強い表現で、「問題が精神運動である以上、具体的政治問題にふれる事は不適当」と批判した。[38] 同様の発言が相次ぐ。「外交をどうするか、政党をどうするかという問題の如きは、此の席上で取り上げるべきものではない」。「政治的態勢を取り上げるとすれば選挙の粛正というような事丈になって了《しま》うと思われる」。結局のところ、精動運動が政党政治に取って代わることはできなかった。

それどころか、官製運動としての精動運動を推進する側は、政党が国民を奪い返すことになるのではないかと警戒していた。精動運動が国民総動員運動である以上、政党の協力も当然だったはずである。事実、内務省警保局は、「政党ガ能ク事変ノ本質ヲ認識シ挙国一致戦争並国策ノ遂行ニ協力セラレントスル御主旨」を「結構ニ存ズル次第ナリ」と容認している。[39]

ところが精動運動の中核となる在郷軍人会などの軍人組織と政党とが結びつくことに、内務省は否定的だった。内務省次官名の軍司令部と在郷軍人会本部宛の通達は、「政党ヨリ要求アルモ現役及召集軍人ノ講師ヲ派遣シ或ハ部隊ニ於テ公式ニ援助等ヲナスコトハ之ヲ避クルコト」と指示している。また「個人トシテ参加スルハ敢《あえ》テ妨ゲザルコト」としながらも、「在郷軍人会又ハ同連合分会、同分会等ノ名ヲ以テ本運動ニ参加、協力、又ハ援助ヲナサザルコト」と禁じている。内務省は、兵士たちが政党組織をとおして精動運動に参加することを忌避した。[40]

立憲主義という原理

精動運動は、本来、新しい国内体制の確立に向けて、国民を再組織するための主要な推進力になるはずだった。しかも総力戦のための新体制は、政治以外にも、経済、社会、文化など、あらゆる分野に関連があった。それゆえ精動運動の及ぶ範囲も広範なものとなった。

たとえば精動運動の実施要領は、経済分野において、「経済国策への積極的協力に努め」

るために、「物資の活用、消費の節約、貯蓄の実行、勤労の増進、体力の向上に主力を注ぎ業務並に生活の内において刷新を図ること」を指示している。

しかし、蠟山が的確に指摘するように、「これらの事項は個人や団体の精神道徳のみにて処理し得ない経済それ自体の問題を有ち、その限界に近づきつつ」あった。「これは精神道徳のみにては充分処理し得ぬ問題である」。そのように言いきる蠟山は、「精神総動員だけでは国民協同体の形成を目標とした国民組織の成立はなお前途遼遠である」と精動運動の限界を見極めていた。[41]

蠟山によれば、「新体制が旧体制と異る所以は、国民生活のあらゆる要素に触れ従来政治と接触しなかった部面まで動員するところ」にある。[42] それゆえ、いきおい新体制は、「混沌とし対立する意見の結果として不透明なもの」になりかねなかった。[43]

このように複雑な「国内各方面の多元的要求」に応えなければならない新体制は、かつての二大政党制はもちろん、「あらゆる種類の一元政治」によっても統治することができない。蠟山は言う。「新体制の樹立はそういう矛盾の契機を克服し調整することによってのみ可能となるであろう」。[44] そうだとすると、どのような原理によって国民の再組織化が進み、新体制が確立するというのだろうか。

蠟山が示す体制統合の原理は、「立憲主義」である。蠟山は宣言する。「我が立憲制度の制定趣旨に鑑みて、新たに創成さるべき国民組織は飽くまで立憲主義の政治原理の上に立つべきであり、又それが可能である」。蠟山の信念に揺るぎはない。「憲法は国民協同の成立し運営さるべき恒久的基礎なのである」[45]。

このような蠟山の「立憲主義」の立場は、一方では既成政党の政治を批判しつつ、他方では「全体主義」を退けるものだった。

蠟山は、「従来の政党に代るべきもの」として、新しい国民組織を構想する。この新しい国民組織は、憲法が予定していない組織ではあっても、「立憲主義」の下で、政治を運営する主体となり得るものだった。なぜならば、政党も憲法上の制度でないにもかかわらず、憲法規範の枠内で、政治主体となることができたからである。

新しい国民組織が「全体主義」体制をめざすものでないことは、はっきりしていた。「警戒すべきは、新体制の下に、共和制たるナチス的機構を考え、強権を以てする政党の解散や禁止を考え一国一党と政府機構との制度上の一体化を企てんとする考え」である。蠟山の「立憲主義」は、ナチス・ドイツのような一国一党制の否定のうえに成り立つものだった[46]。

それでは蠟山は、どのような国内体制を作ろうとしていたのか。「議会に対しては新らしい与党を作り、国民団体に対しては大諮問機関で行く、後は政府の官僚機構で一切を推進して行く」[47]。これが蠟山の構想だった。蠟山は、政党を排除することなく、複雑で多様な、広範囲にわたる政治的・社会的要求に応えるために、政党を含めた新しい体制の確立をめざした。

蠟山の議論は、学者の空理空論ではない。それどころか蠟山の構想は、実際の国内政治状況を十分に踏まえたものだった。

日中戦争の早期解決に挫折した近衛内閣の退陣後、平沼《ひらぬま》（騏《き》一郎《いちろう》）内閣、阿部《あべ》（信行《のぶゆき》）内閣とつづく。これらの内閣は、統合主体を欠く政治的に不安定な内閣だった。そのためたとえば平沼内閣は、政友会、民政党と協調する姿勢をとった。あるいは阿部内閣は、首相自身が「やはり政党の者が世間を知って」いるとして、政党の役割を認めていた。この陸軍軍人出身者の内閣は、衆議院の過半数を超える議員による倒閣運動に直面し、退陣する。国内政治状況が政友会、民政党に有利であることを認めざるを得なかったからである[48]。

国民は、政党政治の復活を期待していた。地方選挙レベルでは既成政党の退潮傾向に歯止めがかかり、昭和一五（一九四〇）年の衆議院補欠選挙では、旧民政党系の候補者が当選している。同じ年に大政翼賛会が成立する。大政翼賛会の成立は、政党に対する国民の期待が高まるなかでのことだった。

「国民社会新組織」

なぜ政党に対する国民の期待が大政翼賛会をもたらしたのか？　以下では新明の議論を手がかりに、考えてみたい。

新明は、社会学者にふさわしく、戦時下の日本に「国民社会の新組織」を作ろうとしていた。
方法は、少なくとも二つあった。一つは国民精神総動員運動を推進力とする方法と、もう一つは新党運動を推進力とする方法である。
新明は、どちらの方法にも否定的だった。まず精動運動である。なぜ精動運動では国民社会の新組織を作れないのだろうか。新明によれば、「精神総動員運動は精神的側面だけについて見ても、必ずしも国民再組織的な形成を目指していない」という。精動運動は、「精神的啓蒙を行うために編成されたかなり機械的な組織」であり、「新時代的な組織たる実を有するものでない……此の意味でそれは精神的活動の組織にも成っていない」からだった。精動運動の実際は、その目的とは異なり、「徒らに繁雑な風俗警察的な取締り」に堕していた。[49]
つぎに、それではなぜ新党運動でも作ることができないというのだろうか。
精動運動と並んで、戦時下の日本国内においてさまざまな新党運動が展開していた。それはたとえば政友会と民政党との合同による新党運動であり、あるいは既成政党の解消をめざす謀略的な新党運動だった。政友・民政両党に対抗する無産政党がかかわる運動もあった。これらのさまざまな新党運動は、近衛文麿を党首に想定する近衛新党をめざす点で共通していた。[50]
新明はこれらの運動に否定的である。なぜ新党運動が新しい国内社会を作る推進力となり得ないのか。新明によれば、「国民が自覚を有ち、その必要を感ずるにいたったのは、新党の組織ではなく、新しい大きな政治の組織としての国民再組織」だったからである。「もはや単なる新党の組織を以て問題の解決に十分であると考えるわけにゆかない」。このように断言する新明は、新党ではなく、「もっと原理的な再組織」を求めた。[51]

新明が新党運動に否定的な評価を下したのは、もう一つの理由があった。それは新党運動が「結局旧組織の地盤を離れ去るものではなかった」からである。[52]事実、新党運動は、近衛個人に依存していたため、近衛が消極的になるとすぐに、行き詰まった。既成政党もわざわざ解党してまで新党に参加する必要を認めなくなる。新党運動の帰結は、新明の指摘するとおりになった。

精動運動ではなく、新党運動でもなく、いったい新明は何が新しい国民社会を作る推進力になるというのだろうか。

「政党が議会を以てそれ自身すでに国民的組織であるとなすのは勿論正当である。議会を中心とした政党的組織が国民組織たり得ることはすでに諸家の認めているところである[53]」。新明の答えは、議会を中心とする既存の政党組織だった。

他方で新明によれば、「全体的な変革」のためには、「政党はあまりに政党的であって、事物的専門的な論議を第二とする傾向を有している」という。そこで新明は、新しい国民社会の基盤を議会に求めながらも、「政党議会」のほかに、新たに「国民議会」としての「協議機関」、「議会とは構成を異にした国民的な国策の企画統合の機関」の設置を提唱する。新明は、この「協議機関」を「政党議会」の「政党的な分立主義」の欠陥を補う、「高度に専門的」な組織として構想していた。[54]

このような「協議機関」は、新明のみるところ、政党もその必要を認めていた。なぜならば、政友会の一部が「国民協議会案」をもって「一国一体の実を挙げよう」としていたからである。

「政党議会」と「国民議会」とが相互補完関係において新しい国民社会の確立をめざす。この目的のために、二つの議会が一体となったものを大政翼賛会と呼ぶならば、新明の構想が大政翼賛会となるまでには、あと一歩だった。

大陸モデルの逆輸入

新体制の到来を待ちわびていた一人に、尾崎秀実がいる。尾崎は、新体制運動に先立つ近衛新党運動にも期待していた。期待していただけでなく、近衛内閣のブレーンとして、より直接的、具体的に関与していた。

もっとも、戦況と近衛の気持ちが新党運動のゆくえを左右した。中国の主要拠点をことごとく占領しながら、戦争は終わることなく長期化し、それに対応して、国内政治状況の停滞感が生まれ、近衛も消極的になっていく。

ところが尾崎は、昭和一五（一九四〇）年の秋になると、「そのスランプを脱し前進せんとする希望」が出てきたと記している。[55] 直接には欧州における枢軸国中心の国際新体制の確立をきっかけとして、日本国内でも新体制に向けて、国民再組織の議論が活性化したからである。

「新体制」は流行語となるまでに、国内を席巻した。尾崎は、「新体制」が「官界新体制」、「魚屋さん八百屋さんの新体制」などと合言葉のように用いられるようになったと言っている。尾崎は主張する。「我々は問題がここまで進展して来たからには、一日も早く準備会などを終えて一応の中核組織をととのえ、直ちに具体的政策の実践に突入すべきである[56]」。

尾崎が準備会の議論を観察するなかで重視したのは、組織大綱の試案である。この大綱は一一の部門の事務局案を掲げていた。尾崎はその事務局案に、「世界部」や「欧米部」がないのに対して、「東亜部」があることに注目した。「新政治体制の試案がその重要なる中枢部の一つとして東亜部を予定したことは、新体制本来の歴史的意味から見て適当なる処置である」。尾崎は一貫して、「日本自身の更革なくしては東亜における新秩序の建設は考え得られない」との立場をとっていた。[57] その尾崎にとって、新体制の中枢部に「東亜部」が設置されることによって、「東亜問題」と国内政治の問題とを「完全なる統一性」において解決することが可能になった。

尾崎が国内新体制のモデルとして注目したのは、満州国の協和会である。尾崎によれば、精動運動もまた「協和会の実験にヒントを得ていた」という。さらに尾崎は、政友会の一部の「一国一党」論、「国民協議会」案も「明らかに協和会機構をモデルとしたもの」だったと指摘する。[58]

満州国協和会とは何か？

満州国は、対ソ戦のための戦略的拠点・軍事資源供給地である。このような総動員体制の国家＝満州国において、満州国協和会は、国民を統合する政治団体として機能していた。他方で戦時下の日本も同様に、日中戦争のための総動員体制を必要としていた。ここに総動員体制の確立を目的とする国民統合の組織として、満州国協和会が国内に逆輸入されることになる。[59]

尾崎が重視したのは、構想段階から結成の初期における、満州国協和会が持っていた理想主義的な側面である。協和会は当初、政府に対する「一国一党」的な立場に立ち、反資本主義、「民衆政治」、「福利増進」の理想を掲げていた。尾崎は、このような理想を持つ満州国協和会の日本国内版が新体制となることに賭けた。

3　社会的な底辺の拡大

労働者——植民地に及ぶ地位向上の要求

だれもが戦争に協力した。戦争でもっとも大きな犠牲を払わされたはずの労働者、農民こそがもっとも強く戦争を支持した。労働者は資本家に対して、農民は地主に対して、そして国民は国家に対して、自己主張を強めていく。

労働者や農民、国民は自己の主張の実現を政党に託す。政党は戦争によって、その重要性を高めていく。

戦争に伴う「挙国一致」の大義名分は、労働者がたとえばつぎのように要求することを可能にした。それは一つには、出征兵士を休職扱いとし、除隊後は同一条件で元の職場にもどることができるようにすることであり、もう一つは出征者家族の生活保障だった。労働者たちはこのように「さなきだに生活苦に悩むものをして安んじしめんこと」を「ガンメイなる事業主」や官庁に求めていた[60]。

労働者たちは労働組合をとおして、出征兵士に関することだけではなく、労働条件全般の改善を求めている。たとえば、最低賃金制度に関する政府の審議委員会に、中央、地方の労働代表を参加させることである。あるいは戦時下の生産力拡充政策は、「人的資源並に国民体位保健に重大なる影響あるを以て」、二交替・一二時間制の採用を要求しながら、同時に労働時間の減少に伴う賃金の低下を避けようとしている[61]。

労働者は、戦争景気に浸っていたわけではない。戦争景気によって「巨大なる利潤、ボーナス乃至《ないし》賃銀を獲得せる軍需産業関係者」と「其故に大なる犠牲と損失を蒙《こうむ》れる平和産業関係者」との間で格差が拡大しつつあった。労働組合は、格差是正のための具体的な政策を要求している。

たとえば全日本労働総同盟は、ワーク・シェアの考え方を導入し、「平和産業」の失業労働者を「軍需産業」に対して強制的に雇用を割り当てることを政府に求めている。また「軍需産業」関係者には「時局産業特別税」を新たに設けて徴収し、あるいは公債の強制的割り当てや強制貯金令の実施などによって、所得の平準化をめざした[62]。

このように労働組合が産業別の格差の是正、所得の平準化と労働者の全般的な地位の向上を要求できるようになったのは、戦時下の「挙国一致」のスローガンがあったからである。

対等化・平準化を求める労働者の主張は、政治的経済的レベルだけでなく、社会的レベルにまで及んでいる。日本労働組合会議は、昭和一三（一九三八）年七月、政府関係者に対してある要請書を提出する。それは「白米食禁止令」と「新聞雑誌の頁数の制限令」の実施を求めるものだった[63]。

当時、食糧事情は必ずしも逼迫していなかった。それにもかかわらず、この要請書が提出されたのは、労働者たちが社会的レベルでの平等化を求めたからである。この要請書は、白米禁止が必要な理由を「貧富貴賤、老若男女の別なく全国民をして普《あまね》く消費節約を実行せしめ且つ之によって常に時局認識強化の為の善き刺戟を与え、臥薪嘗胆《がしんしょうたん》の意識を深め、国民精神総動員の実を挙ぐるの良策」だからである、と述べている。

「新聞雑誌の頁数の制限令」も、趣旨は同じである。紙資源が不足していたから制限するというのではない。それどころか過熱する戦争報道が「頁数の多きを競い、徒らに膨大を誇りとするかの如き傾向」をもたらしている現状を批判し、ページ数のスリム化を図ることで「反《かえ》って其の内容を検討向上せしめ得る」ことがねらいだった。

このように労働者は、自分たちの生活実感にもとづく新たな生活様式の確立を政府に要求するようになった。

また労働組合内で議論されたことの一つに、「亜細亜労働者の親善提携」があったことに注目しておきたい。全日本労働総同盟は、昭和一四（一九三九）年一月の特別委員会において、「支那に労働代表を派遣し、其の実情を調査せしめ、日満支を通ずる具体的労働政策を樹立し、相提携して新東亜建設に対処すること」を決議した。[64] 労働者の地位向上の要求は、自国内に止まることなく、東アジア地域に拡大すべきものとなった。

さらに重要なのは、この東アジア地域に朝鮮半島も含まれていたことである。昭和一三（一九三八）年五月、日本労働組合総連合全国大会は、「内鮮融和運動に関する件」を決議している。

「吾国が朝鮮と合併して以来既に三十年以上になるも未だ内地人の半島民に対するに差別的の点あるを憾《うら》みとする。吾等は本大会の決議に於て工場内に於ける平等の精神と態度の宣揚を期す」[65]。

対等な立場の労働者として連帯するために、労働者は朝鮮人に対する差別撤廃を主張するまでになっていた。

こうした内地の日本人労働者の動向に呼応するかのように、内地在住の朝鮮人の政治的な活動が活発化する。これらの人びとは、社会大衆党の地方支部を設立し、発言権を確保しようとした。その主張は、内務省警保局の調査によれば、「一部を除きては帝国政府及皇軍を信頼し、概して良好なる傾向を辿りつつ在り」というものだった。[66] 内地朝鮮人の政治的活動は、対等な立場の獲得をめざして、合法的で現実的なものとなっていった。

要求が具体的になり、実現の可能性が高まれば高まるほど、労働運動も現実的なものとなっていく。事変下の労働運動の状況は、「闘争避止の平和的方針」のもとで、「無用なる国内相剋を避けて労資協調、産業協力の方向への推進」へと転換する。[67] メーデーの禁止も労働者は受け入れた。「従来の如き階級的対立観に立脚せる」メーデーの禁止を当然視し、「進んで労資協力して銃後に於ける産業報国の為邁進」する気運が高まっていたからである。[68]

農民――協調路線

日中戦争に対する農民の態度は、労働者と比較すると、両面価値的だった。なぜならば、戦争景気は、労働者を潤すものではあっても、農民にとっては直接には物価の高騰による生活の困難をもたらしかねなかったからである。

戦争景気に対する農民の警戒感は、たとえばつぎの発言から知ることができる。「全国農民組合の地方協議会における発言である。「軍需品工場は素晴しく景気が出たが、之に伴い物価騰貴も当然来ることと思う」[69]。

しかも戦時体制の下、農民運動は自己抑制的だった。農民組合は、戦争勃発以前から展開していた小作料の引下げ運動を差し控え、出征兵士の家族に限定することとした。あるいは小作関係訴訟は、出征兵士を当事者とする場合、小作人に不利なため、休止を政府に陳情するとの対応をとっている[70]。

さらに「小作料の全免、借金の棒引、電灯料の全免」は、「肥料代の無利子貸付」、「農具の無料貸与」、「公租公課の全免」へと要求を引き下げた。地主に対しては、組合としてではなく、小作人が個人で「全免又は減免を嘆願せしむる方法」を推奨した[71]。戦争の遂行は、農民の犠牲の上に、成り立つかのようにみえた。

農民は、犠牲を耐え忍んでいただけではなかった。ある農民組合は、昭和一二（一九三七）年一〇月の総会において、一方では皇軍への感謝決議をおこないながら、他方では包括的な農民対策を決定し、政府に要望している。農民には大義名分があった。「兵糧の倉廩《そうりん》〔倉庫〕にして強兵の母胎たる銃後農村」に対して、政府が「農業生産力の減退防止、農家生活の不安除去等応急対策に向うべきは論なし」だったからである[72]。

農民組合は、「戦時体制に照応したる綜合的且合理的農業生産計画」の確立を求めた。またこの計画の実現に必要な諸施策の実施を訴えている。諸施策とは、具体的には税制の抜本的改革や交付金制度、自作農の創設・維持、農村金融機関の機能強化、農業保険制度、国民健康保険法の制定などのことである。[73]

以上にみたように農民は、戦争によって、平時では困難な政策の実施を求めることができるようになった。

要求の実現が近づけば近づくほど、労働者の場合がそうであったように、農民の政治的態度も現実的なものとなっていく。「貧農解放運動を目標とする階級闘争は過去の運動経験に徴し明かに失敗にして農村の実情に適せず」と反省する全国農民組合は、「真に地主、小作人の協調下に農村全般の更生と福祉増進に向って進むべきなり」と路線を転換した。[74]

農民組合にとって、この年（昭和一二年）の一二月に起きた人民戦線事件は、運動の挫折ではなく、運動の方向性の正しさを確認する機会となった。人民戦線事件とは、農民運動の理論的指導者だった労農派のマルクス主義経済学者を含む社会民主主義者に対する弾圧事件のことである。この事件を契機として、農民組合は、従来の階級闘争路線が誤りであることを認めて、協調路線への方向転換を促進する。全国農民組合の中央常任委員会は、同月、小作争議の抑制とともに、政府が具体化した農地調整法案と農業保険法案に対して、積極的支持の姿勢をとるとの基本方針を打ち出している。[75]

農民の側は、攻勢へと転じる。彼らは農林省の官製「農業報国運動」を「単なる精神運動に終る虞あり」と批判した。また地主に一方的に有利な協調関係も、戦争協力を盾に反対した。「小作料関係に何等適正なる解決を与えずして相剋摩擦を排除せんとするは、真の意味に於ける農村の戦時体制を確立する所以に非ず」。農民組合は、「進んで農地調整法の運用と相俟って小作料を適正化し農村より永久に紛議の跡を断つに努むべきこそ勤労奉公の誠を尽す所以なり」と主張することができるようになっていた。[76]

総力戦体制下、都市対農村、労働者対農民の構図において、戦争に協力したのは農村の農民だった。農民の自発的な食糧増産への協力に報いるかのように、政府は矢継ぎ早に農業対策の立法措置を講じている。たとえば昭和一四（一九三九）年の小作料統制令によって、政府は小作料の引き上げを禁止した。あるいは「生産奨励金」を支払うようになった。自作農維持創設事業も拡充する。小作農民は小作地を購入することが容易になった。[77]

戦争の拡大に伴って、それまで掲げていた主要な目標がつぎつぎと実現するという新たな状況に直面した農民組合運動は、「今や時代に取残されんとしつつある」かのようになっていった。政府に対する要求が実現したことで、かえって目標喪失感に襲われた農民運動は、「焦燥的気分」に陥るまでになった。[78]

農民の地位が相対的に向上したのは、上から与えられただけでなく、無産政党を経由して、下から要求したからでもあった。たとえば昭和一三（一九三八）年の議会において、社会大衆党の田原春次《たはらはるじ》は、兵役法改正案をめぐって、「在営期間延長は時局柄止むを得ざるも農村の蒙る打撃大なり、兵士の支給額を倍額にする意志なきや」と質している。佐竹晴記《さたけはるき》も、国民健康保険法案に関連して、「医師なき村の解決」を求めている。農地調整法案に対しては、前川正一《まえかわしょういち》が一歩踏み込んで、土地問題を根本的に解決するための小作法の制定を政府に迫っている。[79]

農民は、無産政党を介して自己の政治的、経済的、社会的地位の向上を図った。政党に対する期待が高まった。

無産政党――社会大衆党の「国民政党」化

無産政党に対する労働者、農民の支持に揺るぎはなかった。昭和一四（一九三九）年の府県会議員選挙において、社会大衆党は、議席数ではわずかに一議席増ではあったものの、得票数では前回選挙よりも八万五〇〇〇票以上も増加している。戦時下にもかかわらず、これだけの支持を得た社会大衆党は、「既成政党に比すれば成績良好にして、将来発展の余地あり」という党勢の状況だった。[80]

社会大衆党が労働者、農民から支持を得ることができたのは、現実的で具体的な政策があったからである。以下では、どのような政策だったのかを確認する。

社会大衆党の農村政策は、戦時下の食糧増産を目的とする「農業報国」政策だった。ただし社会大衆党は、食糧増産を農民の犠牲によって図ろうとしたのではない。食糧増産のためには、農業労働の生産性を高めることが基本である。ところが戦争の拡大に伴って、農村の主要な働き手である男性たちは、戦場の兵士や都市の工場労働者へと転出した。残されたのは、女性や老人たちだった。農業の生産性の低下が著しくなる。

そこで社会大衆党は、農業労働者としての女性の生産性を向上させるために、いくつかの対策を構想した。たとえば託児所であり、あるいは共同炊事、共同風呂の制度である。農村の栄養食料理の普及も目標に掲げている。失われた男性の働き手を女性で補うために、社会大衆党は、女性に対する生活支援策の実施を各地方支部に指示している。

より重要だったのは、農業の機械化と農業経営の共同化による食糧の計画的増産だった。社会大衆党にとって、このような農業の近代化を実現するための社会的前提だったのが、高率の小作料の適正化である。社会大衆党の調査によれば、農業の機械化・農業経営の共同化が進んでいる地域は、戦争に先立つ数年前の小作争議によって、小作料の低減を獲得していた。

それゆえ「耕作者全体の意志を生産力の上に集結せしめて、小作料の適正化を期すべきである」との立場から、社会大衆党は、農業報国班を中心に、農村指導を一元化し、積極的な活動を開始する。[81] このように社会大衆党は、戦時下の農業生産力の拡充を大義名分として、地主—小作人関係の解体を促進しようとしていた。

労働者に対する社会大衆党の態度も、農民に対する場合と同様だった。社会大衆党の基本方針は、「現下の内外情勢に鑑み国家総動員体制強化の見地より労働国策を樹立すること」

である。

社会大衆党は、この基本方針を、「公益優先の原則」と言い換えている。「公益優先」とは、労働者を資本家のコントロールから国家へと奪い返すことだった。社会大衆党は、この観点から、一方では、労働者の賃金や労働時間、工場や鉱山などのすべてを「国家的見地に立って規制」しようとし、他方では「労働に対する保護助長政策を確立し人的資源を培養すること」をめざした。

これらの目標を達成するために、社会大衆党は、政府の産業報国運動への積極的協力をとおして、国の産業労働政策に影響を及ぼそうとする。

社会大衆党が国に求めた政策は、きわめて具体的である。たとえば法律の整備という点では、会社法の改正によって「資本隷属を排除すること」や、「労働裁判所」の設置を挙げている。また制度設計に関しては、「労働管理制度」、「労働調整基金制」、「国民勤労保険制度」などを例示している。

社会大衆党は、政策の実施が政府主導にならないように、権限に関しても慎重な議論を積み重ねている。「資本の御用機関化を防止」しながら、「下意上達の機関を設くること」。その機関は、中央、地方の各労働団体の代表者と民間の専門家を参加させること。社会大衆党の政策構想は、具体的なものだった[82]。

このような政策を労働者に示すことで支持を獲得しなければ、国家と労働者とが戦時体制

社会大衆党の幹部たち（前列中央が麻生久、後列左から４番目が浅沼稲次郎）（毎日新聞社）

下、直接、結びつくようになり、社会大衆党の地盤沈下が進んでしまう。労働者をめぐる国との間の政治的な争奪戦は、社会大衆党に危機感を抱かせた。

以上のように社会大衆党が一方では総動員体制に協力しながらも、他方では労働者や農民に対する具体的な政策を立案していた背景には、明確な路線転換があった。社会大衆党は、日中戦争をとおして、戦争前の階級政党から国民政党へと転換した。

社会大衆党の路線転換に、人民戦線事件が影響を及ぼしたことはまちがいない。この事件は、社会大衆党にとっても、弾圧事件だったはずである。ところが社会大衆党は、この事件をきっかけとして、粛党工作をおこなったうえで、国家権力の発動を容認するようになった。たとえば麻生久《あそうひさし》衆議院議員はつぎのように述べている。「一方に於ては合法団体たりし人民戦線派を検挙し一方に於ては自由主義資本家に対して種々なる方法に依り統一思想が具現され来って居る」[83]。

社会大衆党は、左の人民戦線派と右の自由主義資本家とを切った国家とイデオロギーを共有し、両端が切り取られた日本の政治社会の中心に接近する。社会大衆党は、ここに近衛内閣の与党的立場に立った。

社会大衆党の路線転換は、見方によっては、弾圧されて党勢が衰え、権力に擦り寄った結果と批判的に評価することもできる。

社会大衆党は、このような批判をあらかじめ想定していた。社会大衆党は、「近衛内閣の与党になったのではない」、と反論して、つぎのように主張した。「社大は与党になったに非《あら》ず、社会の状勢が従来吾々の唱道し来れる資本主義改革の線に向って動きつつあるのである。／従って一近衛内閣の与党に非ずして現時代の与党である」[84]。

時代が自分たちに味方しているという状況認識は、社会大衆党の行動を積極的なものにしていく。

たとえば浅沼稲次郎《あさぬまいねじろう》議員は、国家総動員法案の審議の際に、法案そのものには賛成しながらも、「言論集会の自由を尊重すべきである……本案中に国民生活の保証という条項を入れる意志なきや否や」を問い質している[85]。人民戦線事件後であっても、国家総動員法によって言論集会の自由が抑制されることに異議を唱え、国民生活への配慮を求めた浅沼の発言は、既成政党とは異なる民主化を推進しようとしていた社会大衆党の議員にふさわしいものだった。

社会大衆党は、近衛内閣の言いなりだったのではない。社会大衆党が近衛内閣に対して独自性を主張していたのは、官僚批判を展開していたことにも現れている。麻生久は、昭和一三（一九三八）年の党大会の一般報告において、つぎのように訴えている。「今日政治の中心は官僚である。政党の力が衰え、官僚が政治を担当し、日支事変の要求する国内改革を総動員法によって官僚の手によって行われなければならない所に革新の欠陥がある。……もう一度国民の力を結合して官僚の手にある政治を国民の手に委《まか》せてやらなければ革新の政治は出来ない[86]」。

社会大衆党は、「国民の党」として自立し、国民の支持を得ながら、権力に接近した。社会大衆党は、国内では「資本主義の改革」、対外的には「新東亜の建設」を掲げる現実的な「国民の党」となった[87]。社会大衆党を中軸として、日本社会の底辺は、政治参加に向けて、拡大していく。

注

1. 蠟山政道『東亜と世界』（改造社、一九四一年）一〇六頁。
2. 以上の蠟山の議論は、同前書、四一～七三頁から再構成した。
3. 新明正道『東亜協同体の理想』（日本青年外交協会出版部、一九三九年）一四二頁。
4. 同前書、一五二頁。
5. 同前書、一五八頁。

6. 米谷匡史編『尾崎秀実時評集』（平凡社、二〇〇四年）二六七頁。
7. 同前書、一九七頁。
8. 同前書、二〇五頁。
9. 同前書、一九五頁。
10. 「北支文化工作ノ動キ及諸家ノ工作ニ関スル意見」（昭和一三年二月）外務省記録（外務省外交史料館所蔵）「参考資料関係雑件／北支那文化工作に関する意見」。
11. 新明、前掲書、一一三頁。
12. 同前書、一二八頁。
13. 同前書、三八頁。
14. 同前書、四〇頁。
15. 「支那事変ニ関連シ文化工作ニ付テノ各方面ノ意見」（昭和一二年一〇月）五頁、前掲外務省記録。
16. 同右、一〇頁。
17. 同右、一三頁。
18. 同右、一七頁。
19. 同右、一八頁。
20. 同右、一一頁。
21. 「対支文化工作に関する建議」（昭和一三年二月）前掲外務省記録。
22. 吉田裕・吉見義明編『資料日本現代史　10』（大月書店、一九八四年）一七九頁。
23. 同前書、二八八頁。
24. 同前書、二八九頁。
25. 同前書、二九〇、三四六頁。

26. 同前書、二九〇頁。
27. 同前書、一八〇、一九九、二〇一頁。
28. 同前書、二五三頁。
29. 同前書、二二四頁。
30. 同前書、二三五頁。
31. 同前書、一八一頁。
32. 同前書、一八〇頁。
33. 同前書、二二九頁。
34. 注29に同じ。
35. 同前書、二二七頁。
36. 同前書、二二三頁。
37. 注30に同じ。
38. 同前書、二二三、二二八頁。
39. 同前書、二六九頁。
40. 同前書、二七〇頁。
41. 蠟山、前掲書、七三頁。
42. 同前書、三〇三頁。
43. 同前書、三〇四頁。
44. 同前書、同頁。
45. 同前書、七一～七二頁。
46. 同前書、三〇二頁。

47．同前書、三一一頁。
48．古川隆久「戦時議会と戦後議会」（『岩波講座　アジア・太平洋戦争2』岩波書店、二〇〇五年）三八頁。
49．新明、前掲書、一六七〜一六八頁。
50．粟屋憲太郎『昭和の歴史　第6巻』（小学館文庫、一九八八年）三五四頁。
51．新明、前掲書、一五九頁。
52．同前書、一五七頁。
53．同前書、一六三頁。
54．同前書、一六四〜一六五頁。
55．米谷編、前掲書、二六三頁。
56．同前書、二六四頁。
57．同前書、二四五頁。
58．同前書、二六七頁。
59．平野健一郎「満州国協和会の政治的展開」（『年報政治学1972』岩波書店、一九七三年）二三二頁。
60．内務省警保局保安課『特高月報』（昭和一二年八月）一一三頁。
61．同右（昭和一四年一月）八二頁。
62．同右（昭和一三年八月）五一頁。
63．同右（昭和一三年七月）七一頁。
64．同右（昭和一四年一月）八二頁。
65．同右（昭和一三年五月）一〇二頁。
66．同右（昭和一二年九月）五頁。

67. 同右（昭和一二年八月）一一六頁。
68. 同右（昭和一三年五月）九七頁。
69. 同右（昭和一二年八月）一二五頁。
70. 同右、一二五〜一二六頁。
71. 同右、一二六頁。
72. 同右（昭和一二年一〇月）一一〇頁。
73. 同右、一一〇〜一一二頁。
74. 同右（昭和一二年一二月）一五八頁。
75. 同右、一六〇頁。
76. 同右（昭和一三年一〇月）一〇八頁。
77. 加瀬和俊「戦時経済と労働者・農民」（前掲『岩波講座　アジア・太平洋戦争2』）一三六頁。
78. 内務省警保局保安課、前掲書（昭和一四年二月）一〇一〜一〇二頁。
79. 同右（昭和一三年二月）九四〜九五頁。
80. 同右（昭和一四年一〇月）二五頁。
81. 同右（昭和一四年四月）九三頁。
82. 同右（昭和一四年五月）五七頁。
83. 同右（昭和一三年二月）一〇二頁。
84. 同右、同頁。
85. 同右、九七頁。
86. 同右（昭和一三年一一月）八九頁。
87. 同右、九一頁。

Ⅳ 章　失われた可能性

1　デモクラシーとしての大政翼賛会

社会大衆党と近衛内閣

労働者や農民の支持を得て、党勢を拡大した社会大衆党は、戦争協力をとおして権力に接近する。他方で、階級政党から国民政党へと路線転換を図った社会大衆党は、理念と政策を持つ責任政党へと政治的成長を遂げる。

社会大衆党第七回大会（昭和一三年一一月開催）において、麻生久は、社会大衆党が戦争に協力する理由を、自立した党の立場からつぎのように説明している。

「吾々は、現在に於ても、帝国主義戦争には絶対反対である。然し今次の支那事変は、民族発展の戦争であって、資本主義改革を要求する所の国内改革の戦争である」[1]。

麻生が資本主義国間の帝国主義戦争に反対の立場を堅持しつつ、戦争をとおして国内改革を実現するために、日中戦争を支持しているのは、無産政党の議員にふさわしい立場の表明である。

同時に注目すべきは、麻生がこの戦争の本質を言い当てて、「欧米資本主義から解放されて東亜協同体を樹てる迄は、如何《どう》しても聖戦を為し遂げなければならない。今日は澎湃《ほうはい》たる革新の時代である。戦争が之を要求する」と述べていることである。社会大衆党も、この戦争の目的を「東亜協同体」の確立として、正当化していた。

さらに社会大衆党は、アジア外交をめぐって踏み込んだ議論を展開し、この大会で「大陸政策に関する件」を決議する。この決議は、アジアとの連帯をめざして、「単に日満支に止まらず全アジア諸国を一丸とする政治連盟」の結成と「アジア経済代表者会議」の開催を具体的に提起している。[2]

決議案をめぐる質疑応答の際に、神奈川県連の笹口晃《ささぐちあきら》が「大陸発展の重要な関連に立つ朝鮮半島人は、現実に各種の取扱上の差別を受けて居るが、之に対する方策なきは如何《いかん》」と質したのに対して、河野密《こうのみつ》（衆議院議員）は「朝鮮の問題は内地の問題と同様に取扱いたい」と答えている。戦時下にあっても、あるいは戦時下だからこそ、社会大衆党は、差別撤廃を掲げることができた。

社会大衆党は、近衛内閣の与党的な立場を強めることによって、以上の理念と構想の実現に一歩、近づいたかにみえた。

ところが大きな期待を寄せた近衛が辞任してしまう。後継は平沼騏一郎だった。社会大衆党は、一月一一日に常任執行委員会を開き、対応を協議した。その結果、「近衛内閣の延長と見るばかりでなく戦時内閣として協力する」ことを確認し、あわせて平沼首相に「国内改革」の「断行」を要請することになった。[3]

しかし、司法官僚出身で、「ファッショ」的なイデオロギーを持つ平沼の官僚閥の内閣を社会大衆党が本当に支持したかといえば、それは疑わしい。なぜならば、社会大衆党は、官僚批判を強めていたからである。社会大衆党は、表向きとは異なって、実際には「野党的臭味」を持つようになっていた。[4]

一方、平沼内閣は、首相個人の政治信条とは対照的に、とくに外交に関して旧秩序への復帰志向が著しかった。この内閣は、対米関係の調整および蔣介石政権との和平を模索する。

既成政党の復権

平沼内閣は、日中戦争の解決を実現する前に、国際関係の急変によって、瓦解する。想定外の事態である独ソ不可侵条約（一九三九年八月）の衝撃に直面した平沼首相は、「欧州情勢は複雑怪奇」であるとして、政権を投げ出した。

独ソ不可侵条約の衝撃とそれに伴う平沼内閣の崩壊は、対外的には枢軸接近に急ブレーキをかけ、国内では体制の「全体主義」化を緩和する作用をもたらした。平沼の後継、阿部信行は、陸軍出身の軍部内閣を組織したようにみえながら、実際の対外政策では、第二次欧州大戦に対する局外中立を宣言し、日中戦争の解決を急ぐ。

　このような阿部内閣の基本姿勢は、国内政治において、社会大衆党の党勢後退と既成政党の復権をもたらす。

　欧米資本主義国からの中国の解放を唱える社会大衆党は、対欧米関係重視による日中戦争の解決という阿部内閣の外交方針が現実的なものであるだけに、自らの対外路線に行き詰まりを感じるようになった。また私益よりも公益を重視して、国内体制の「全体主義」化を進めようとしていた社会大衆党にとって、「革新」から「現状維持」への回帰志向は、挫折感をもたらした。

　社会大衆党とは対照的に、党勢の回復がみられたのは、政友会や民政党といった既成政党である。阿部首相自身、官僚政治の限界を自覚し、政党勢力の有用性を認めざるを得なくなっていた。阿部は既成政党出身者を入閣させている。

　しかし失政を重ねた阿部内閣に対して、既成政党は、協力よりも対決を選んだ。昭和一五（一九四〇）年一月の段階で、衆議院議員の過半数が倒閣運動に参加している。[5] 政党に対する国民の期待を背景に、既成政党の復権が顕著になっていく。

　政党の協力を得られないどころか、倒閣運動の対象にまでなった阿部内閣は、短命に終わる。代わりに首相となったのは、海軍大将米《よ》内《ない》光政《みつまさ》である。

「穏健派」と目された米内の内閣は、対英米関係重視の外交姿勢から三国同盟路線を抑制した。この点で、米内内閣の基本的な外交路線は、前内閣を踏襲している。

また前内閣から留任した陸相畑俊六《はたしゅんろく》の戦争指導の下で、日中停戦の気運が高まっていた。中国との長期戦で戦力を消耗した陸軍は、対ソ戦準備の観点からも、日中戦争の解決に向けて積極的に動き出した。その結果、昭和一五（一九四〇）年三月に汪兆銘《おうちょうめい》政権を樹立する。この政権との和平をきっかけとして、蔣介石の国民政府との和平に持ち込むことが、汪兆銘工作の目的だった。

総じて前内閣の基本路線を踏襲する米内内閣に対して、復権が著しい既成政党は与《くみ》し易いと判断した。事実、この内閣は、政友・民政両党から二名ずつの閣僚を得ている。

反発したのは、社会大衆党である。米内内閣を「現政界上層部、軍部と財閥との上に立つ内閣」と位置づける社会大衆党は、「日本の現在の国内情勢は斯《かか》る諸勢力の上に立った現状維持的な内閣は結局駄目である」と批判している[6]。

このように米内内閣発足時における議会の勢力分布は、既成政党が与党的立場に近づき、社会大衆党が野党的立場に転落しつつあることを示していた。

斎藤隆夫「反軍演説」の影響

米内内閣は、発足後すぐに、大きな問題に直面する。この問題は、議会の勢力分布図を大きく塗り替えることになった。ことの発端は、二月二日の衆議院本会議における民政党の斎《さい》

衆議院にて代表質問を行う斎藤隆夫

藤隆夫《とうたかお》議員の演説だった。「反軍演説」としてよく知られるこの質問演説で、斎藤が強く批判したのは、「いたずらに聖戦の美名に隠れて、国民的犠牲を閑却し」の一節に現れているように、国民に多大の犠牲を強いながら、日中戦争の目的が「東亜新秩序」の樹立といった抽象的なもので、領土も賠償金も取らないという政府の基本方針に対してである。このような内容の斎藤の演説は、決して「反軍演説」ではなかった。

しかし、斎藤の演説が「反軍演説」と賞賛されたのは、既成政党の復権とそれを支持する国民世論があったからである。斎藤の元には全国から激励、感謝の多数の手紙が寄せられた。

ところが斎藤は、懲罰委員会にかけられる。結果は、もっとも重い除名処分だった。斎藤の除名決議に反対したのは、議員総数四四七名中わずか七名、民政党を含むほとんどの政党が除名に賛成した。社会大衆党は、総議員数三四名中、除名に賛成二三、反対〇、棄権一一である。なぜ議会は、このような結果をもたらしたのだろうか。

これらの数字は、斎藤演説を「反軍演説」と理解する限り、説明がつかない。斎藤演説の争点は、日中戦争に賛成か反対かではなく、「この戦争は何なのか？」だった。

社会大衆党からすれば、斎藤演説の戦争観は、日中戦争を帝国主義戦争とみなすものだった。帝国主義戦争には勝ち負けがあり、勝てば領土や賠償金を獲得するのが当然だった。社会大衆党は、このような帝国主義戦争には反対の立場を堅持していた。社会大衆党にとって日中戦争は、帝国主義戦争であってはならなかった。日中戦争の目的は、近衛内閣の声明にあるように、「領土的野心を有せず」、「東亜新秩序」の形成にあったからである。社会大衆党は、斎藤演説が日中戦争の目的を矮小化していると批判した。斎藤演説問題は、既成政党の復権が著しい傾向のなかにあって、社会大衆党が失地挽回を図る絶好の機会となった。

もっとも、既成政党とはいえ、同じ政党組織の民政党の議員を、野党的な立場に立っていた社会大衆党が、政府の側に回って、除名することには割りきれないものがあったはずである。棄権の一一票は、実質的には除名反対だったと推測できる。実際のところ、社会大衆党は、斎藤演説問題への対応をめぐって、党内が分裂状態に陥っていく。

政友会の投票分布は、複雑だった。除名反対の総数七票中五票を政友会正統派が占めていたからである。棄権の二七票を除けば、賛成の三九票は議員総数七一名の五割を超える程度だった。

しかし、政友会の意思を代表することになったのは、党内で勢力を拡大していた新たなグループ、政友会革新派である。議員総数九七名の八割を超える八一名（反対〇名、棄権一六名）が除名に賛成する票を投じた。この結果、政友会の分裂も決定的となる。

このような議会政治の動向のなかで、守勢に立たされた民政党は取り残され、孤立していく。民政党は、一人の除名反対者も出さずに、一七〇名中一〇一名が賛成する。斎藤を政治的に切り捨てることで、民政党は延命を図った。

しかし、棄権六九名に示されるように、自党のもっとも著名で有力な斎藤を除名することに躊躇する多くの民政党議員がいた。民政党もまた、党内対立を深めていく。

政党の対立軸――国策研究会のレポート

以上にみた斎藤演説問題をめぐる諸政党の動向を方向づける真の政策対立軸は、いったい何だったのか。この点に関して、国策研究会のあるレポートは、有力な視座を提供している。[7]国策研究会とは、昭和八（一九三三）年に設立された同時代の有力な政策研究集団のことである。昭和研究会と同様、政府にもっとも近い立場にあった国家官僚や財界人、学者を擁するこの民間のシンクタンクは、積極的な政策提言をおこなっていた。

斎藤演説問題で議会が紛糾していたさなかの昭和一五（一九四〇）年二月二四日付のレポートは、真の政策対立が戦時経済体制をめぐる「営利経済主義」対「公益全体主義」にあることを指摘している。「営利経済主義」の立場だったのは、既成政党勢力である。「企業利得の擁護」を掲げる既成政党は、戦時統制経済体制に反対し、企業の利潤追求、経済的自由主義を守ろうとしていた。

既成政党勢力に対抗して、「公益主義」の立場を主張したのは無産政党である。社会大衆党などの無産政党は、高額所得者への増税や戦時利得の国庫還元によって、戦争に伴う犠牲の均衡を求めていた。そのためには国家主導の「全体主義計画経済」体制の確立が必要だった。

要するに、大政翼賛会成立直前の最後の議会で争点となっていたのは、戦時経済体制をめぐる〈自由主義〉対〈全体主義〉の対立だった。

以上の戦時体制をめぐる政策対立は、対外路線をめぐる政策対立と連動していた。一つは、日中戦争を遂行するための物資動員・生産力拡充をめぐって、「対米英依存」の対外路線がある。日本は日中戦争を、主としてアメリカ経済に依存しながら戦っていた。アメリカに輸出し外貨を獲得し、アメリカから軍需物資を輸入する。この現実を直視すれば、「対米英依存」の〈国際協調〉路線こそが重要になる。

他方でもう一つは、このような「対米英依存」から脱却し、貿易相手国の分散とブロック経済による「東亜オータルキー」路線がある。「日満支ブロック経済」を南方にまで拡大し、「東亜自給経済」体制を基礎とする「東亜新秩序」を確立する。これを〈地域主義〉路線と呼べば、対外政策をめぐる〈国際協調〉対〈地域主義〉の路線対立がこの議会で争点となっていた。

ここで戦時体制をめぐる国内政策の対立を横軸、対外路線をめぐる政策の対立を縦軸として、これら二つの対立軸によって構成される座標平面を描けば、それは本書の「プロローグ」であらかじめ示しておいた政策の対立図式とほとんど同じである。そうだとすれば、斎藤演説問題も戦時下日本の社会システムの不調を示していたと考えることができる。

このレポートのみるところ、政策の方向は、斎藤演説問題を契機に、〈自由主義〉＋〈国際協調〉から〈全体主義〉＋〈地域主義〉へと向かいはじめた。この方向への推進力となったのが、斎藤の除名に賛成した社会大衆党であり、政友会革新派だった。

政策対立の座標軸上で力点の移動をもたらしたのは、国際的な要因もあった。同レポートが指摘するように、一つは汪兆銘政権の樹立である。国民党ナンバー2の汪の担ぎ出しに成功したことは、重慶（蔣介石）政府との和平への重要な足がかりとなるはずだった。

このレポートは、汪兆銘政権樹立が国内政治に及ぼす影響を「政府は議会を通じて偶々《たまたま》一角に現われた斎藤的方式の対立イデオロギーの封殺一掃に奏効した」と指摘している。[8]

政府は、日中戦争を帝国主義戦争とする斎藤の戦争観を否定した。日本は日中戦争を帝国主義的な利益を求めて戦っているのではない。戦争目的は「東亜新秩序の建設」である。政府は、日中戦争の目的に関しても「営利」から「公益」への転換を図った。

もう一つ、このレポートが強調するのは、「対米通商依存性の絶望化と欧洲諸国の帰趨見透困難」である。前年の昭和一四（一九三九）年七月、アメリカは日米通商航海条約の廃棄を通告し、半年後の昭和一五（一九四〇）年一月、同条約が失効した。原油や鉄鋼などの軍事資源をアメリカから輸入していた日本は、大きな打撃を受ける。また変転極まりない欧州情勢に対して、日本は局外中立を守る以外になかった。日本は、「自力外交」と「自力外交」を可能にする強力な戦時国内体制が必要だった。

新党から大政翼賛会へ

斎藤演説問題を契機に、政党は、既成政党も無産政党も、党内対立の激化に伴う分裂状況が深刻になっていく。

しかし、このような状況が生まれたのは、政党の自壊作用の結果ではなかった。各政党は、強力な戦時体制の確立をめざして、政党横断的に提携することで、新党の結成を試みていたからである。

新党運動にもっとも積極的に関わったのは、社会大衆党である。斎藤演説問題後、政党の分解作用が進んでいることを、社会大衆党の三輪《みわ》寿壮《じゅそう》は、「歴史の必然に従って崩壊すべきものが崩壊」していると肯定的に評価し、「現状維持」と「革新」との分解の先に、「革新」的な国内体制の確立を展望している。[9]

社会大衆党についで政友会の久原《くはら》（房之助《ふさのすけ》）派が新党運動に加わった。かつて斎藤《さいとう》

（実《まこと》）・岡田《おかだ》（啓介《けいすけ》）両内閣時代に、政友会と民政党の提携を策したことのある久原らしく、このグループは、民政党との連携を求めた。しかし、民政党総裁町田《まちだ》忠治《ちゅうじ》の消極的な姿勢に直面すると、今度は一転して新党運動に傾いていく。

以上のような新党運動は、あらかじめ成功が約束されていたわけではない。斎藤除名決議に賛成したのは、民政党の消極的賛成票を除けば一九六名で、議員総数の四四七の過半数に及ばない。新党運動の政治的基盤は脆弱だった。「実際問題トシテハ党ガ存在セザル現状ニ於テハ此ノ運動自体ノ急速ナル展開ハ求メ難イ」[10]。新党運動の実情は、尾崎秀実の指摘するとおりだった。

新党運動の成否のカギを握っていたのは、誰を新党の党首にするかということである。運動の加速化のためには、国民の支持を得やすい魅力的な党首が必要だった。新党運動の参加者たちが求めたのは、近衛文麿である。

近衛は政権への意欲を失っていなかった。近衛には心中期するところがあった。最初の政権の時のような新党運動の失敗をくりかえしてはならない。近衛は、既存の政党勢力の再編に止まるような新党では、これを基盤として政治的リーダーシップを発揮することが不可能と判断していた。

しかし、そうだからといって、強力な新党を作ることにも近衛は消極的だった。一国一党制のような「ファシズム」体制は、明治憲法に違反するおそれがあったからである。近衛には、憲法を改正してまで新党を作る意思はなかった。

このように近衛待望論が高まる一方で、近衛自身は新党運動に消極的になっていく。新党運動は、「一種ノスランプ状態」に陥った[11]。

以上のような国内状況から、尾崎は今後の政局をつぎのように予想している。

「実際問題トシテハ先ズ上カラノ政権奪取工作ガ成功シ（之ハ成功率ハ突変的支障ナキ限リ一〇〇％デアル。其ノ時期ハ遅クモ来月末迄ニハ実現スルデアロウ）ツイデ新党樹立ガ行ワレルデアロウ[12]」。

前半の予想は的中する。南満州鉄道調査部の社内用極秘扱いの月報に、尾崎が書いたこのレポート（六月一八日付け）の翌月二二日、第二次近衛内閣が成立したからである。しかし後半は外れた。「近衛個人ニ依ル内閣樹立」後も、新党が結成されることはなかったからである。

尾崎のレポートと第二次近衛内閣の成立との間にあったのは、六月二四日の近衛の声明である。近衛は「新体制確立の為に微力を捧げたい」との声明を発表した。これは出馬表明であると同時に、新党運動とは異なる新体制運動を展開するとの意思表明でもあった。

新党運動を事実上、否定し、新体制の中軸に政党組織を想定しない近衛の新体制運動に、政党はどのように対応したのだろうか。

真っ先に解党して新体制運動への参画をめざしたのは、社会大衆党だった。解党は、社会

大政翼賛会第１回中央協力会議

大衆党にとって、自己否定あるいは敗北を意味しなかった。社会大衆党は、新体制運動をとおして、「資本主義の改革をなさんと」していたからである。[13]

七月六日の解党大会における亀井貫一郎《かめいかんいちろう》の最後の報告に、悲壮感はない。亀井は、解党して新体制運動に加わる期待をつぎのように述べている。新体制運動をとおして、従来の自由主義的あるいは個人主義的世界観に代わる全体主義的世界観を打ち立てる。このような世界観を持つ指導者が国民組織に支えられ、国民と直結して新しい国内体制を確立する。それは「上下心を一にする資本家も労働者もない新政治体制」だった。[14]

亀井がこのように言いきることができたのは、報告の冒頭で欧州情勢に言及していることから明らかなように、確立しつつある国際新体制が各国に新しい国内体制を求めるはずだと確信していたからである。この頃ヨーロッパでは、ドイツの電撃戦の成功によって、主要国がヒトラーの手に落ちていた。英仏の自由主義的な旧体制に代わって、独伊の全体主義的な新体制が確立するかのようだった。

社会大衆党を皮切りに、諸政党は短期間につぎつぎと解党していく。最後まで残った民政党も八月には解党する。日本は無政党状態となった。これをもって戦前日本のデモクラシーは終わったのだろうか。同時代の観察は別の解釈をしていた。尾崎は「その動向の基底に流れるものは、新しき政治への期待であった」と指摘している。[15] 諸政党は、それぞれの目的を達成するために、新体制運動のなかへ発展的に解消していった。

すべての政党の解党を待って、いよいよ近衛は新体制準備会を発足させる。ここでの議論を経て、一〇月一二日、大政翼賛会が成立する。大政翼賛会は、戦前日本のデモクラシーを否定したうえで成立したのではない。戦時下、紆余曲折を経たデモクラシーの発展の結果が大政翼賛会だった。

2　大政翼賛会の現実

旧既成政党勢力の復権

大政翼賛会は、すべての政党が解党して生まれた。しかし旧政党は、解党して一つの党となったのではない。一国一党制は、天皇の政治的立場に優越する党を作り出すことであり、近衛自身の否定するところだった。そうなると、大政翼賛会は、旧政党勢力の政治の場と変わりがなかった。すべての政党が翼賛会に合流した。このことは、旧政党勢力がそのまま影響力を保ちながら、政治の場を翼賛会に移動したにすぎなかった。

翼賛会は、政策の対立軸をめぐる政治の場となった。旧既成政党勢力は、この争いで敗北したのではない。それどころか、政友会や民政党系の旧既成政党勢力は、翼賛会政治において、復権を果たしていく。

旧既成政党勢力は、老獪な議会政治家の手練手管によって、翼賛会における勢力を拡大する。彼ら議会政治家たちは、長年にわたって身につけた議会運営の妙手を駆使することで、翼賛会の議会局に押し込められながらも、議会局の人事を旧既成政党勢力に有利な形で進めることに成功した。[16]

つぎに旧既成政党勢力が用いたのは、イデオロギー批判である。翼賛会は日本の「社会主義」化を推進しようとしている。議会以外の機関が国民の政治参加の機関となるのは憲法違反である。このような翼賛会批判は、もっとも心配していたことだけに、近衛には骨身にこたえた。

さらに旧既成政党勢力がもっとも効果的に利用したのは、予算審議権である。予算審議権は、議会の権限が抑制された明治憲法体制の下で、議会勢力が自己主張をするための有力な政治的武器だった。旧既成政党勢力は、この常套手段を翼賛政治においても巧みに用いている。具体的には翼賛会への補助金予算案に強く反対した。その結果、政府は補助金予算を三五〇〇万円から八〇〇〇万円へ大幅に減額することを余儀なくされた。可決されたのは、減額された補助金予算案だった。興味深いことに、最後まで反対した議員の多くが斎藤隆夫の除名決議に反対、もしくは欠席している。[17]

以上のような三方向（議会運営・イデオロギー・予算審議権）から、旧既成政党勢力は近衛の翼賛会政治を批判した。当時の近衛の心境は、近衛の側近（牛場《うしば》友彦《ともひこ》元内閣秘書官）を介して、ある人物の日記に記されている。

「大政翼賛会の法律問題で総理は疑惑に逢着し、特にその経費の問題で弱っているとの事。それで、前田《まえだ》米蔵《よねぞう》に新党にしてその総裁になれなどと言った由。前田は勿論問題にしなかったそうだが、議会新党への動きは相当に根強いらしいとの事[18]」。

ここに示されているように、近衛は、翼賛会違憲論と補助金問題で、旧既成政党勢力から追いつめられていた。また「前田米蔵」とは、旧政友会出身の議員で、翼賛会の議会局長の要職を占めていた人物のことである。近衛は旧既成政党勢力の復権にてこずっていた。いっそ旧既成政党勢力に新党を委ねたいとの投げやりな気持ちになりかけていたようである。

この日記を書いたのは、東京帝国大学教授矢部《やべ》貞治《ていじ》である。近衛がもっとも重用したブレーンの一人の矢部は、新体制準備会の声明文を作成し、大政翼賛会の政治理論を構築した。その矢部は、当然のことながら、近衛の発言に強く反発する。

矢部貞治

「僕は軽井沢で近衛公に度々念を押したことだが、新党でやる気があるならそれがいいと言うと、公は政党の総裁は嫌だと言う。ではもう一人総裁を使ってこれに新党をやらせたらと言うとそんな人はいないと言う。では憲法論を多少無視して一国一党で行ったらと言うとそれは困ると言う。その上での方式なら大政翼賛会の方式以外にはないのだと言うことを力説し、今でも方式は絶対に誤っていないから、只人間を脱皮して変な奴を放り出すこと、それから具体的実践方針を示すことに全力を尽して貰いたいと力説して置いた」[19]。

帝国憲法の枠内で、政治の改革をおこなうためには、新党ではなく、大政翼賛会方式以外にない、それがぎりぎりの選択である。矢部は一歩も譲らなかった。大政翼賛会の下で、新体制を確立することに反対する政治勢力の論難に備えながら、矢部は翼賛会を守ろうとする。翼賛会批判に対して、矢部は、人事と政策の両面から修正を試みることで、事態を乗りきる考えだった。矢部の試みは成功するだろうか。

「飛び込んだ連中が可哀そうだ」

矢部が示唆するように、近衛はまず内閣改造に着手する。昭和一五（一九四〇）年の一二月、議会開催を前に、平沼騏一郎を内務大臣（内政全般を統轄する大臣）に迎え入れ、司法大臣は陸軍皇道派系の柳川平助《やながわへいすけ》に替えた。

矢部は落胆した。「これは近衛の退却身構えと皇道派衆徒の抬頭だろう……現在の如きへなへなでも困るが、変った面々は余りに憂鬱だ」[20]。矢部からみれば、これでは国内体制の「革新」どころか、よくて「現状維持」、悪くすれば、「復古」になってしまう。矢部の期待とは正反対の方向へ近衛は内閣改造をおこなった。ここに翼賛会政治の現実は、理想から遠ざかっていく。

つぎに近衛は翼賛会の改組を実行する。昭和一六（一九四一）年四月、翼賛会の副総裁は柳川、事務総長は「親英米派」の石渡荘太郎《いしわたそうたろう》（大蔵官僚出身の政治家）に、人事の交代があった。また改組を容易にするため、局長以下の全職員が辞表を出すことになった[21]。

矢部は暴挙ともいえる近衛の改組に憤慨した。「翼賛会は職員全部辞表を出すらしい。それぞれの職場を棄て、これに飛び込んだ連中が可哀そうだ。……こんなやり方だから、近衛のために死のうという人間がいないのだ」。この日記の記述につづいて、矢部は「こうなると、僕が近衛に非常に近く関係したに拘らず、それを絶対秘密にすることに細心の注意を払ったのは、非常に賢明であった」と記している。矢部は、それまで国内「革新」の政治的指導者として期待していた近衛に、見切りをつける[22]。

本来、矢部は近衛の政治指導の下で、どのような新体制の確立をめざしていたのだろうか。矢部は昭和一五（一九四〇）年七月三日に、「帝国政治機構」構想を明らかにしている。矢部の構想が実現するためには、「統治機関ノ一元化」と「国民ニ基礎ヲ置ク政治機構」が必要だった。

矢部にとって、この「統治機関ノ一元化」は、内閣が政治の中心となっておこなうべきものだった。なぜならば、「議会中心ノ思想ハ自由主義的態勢」だからである。矢部は、「自由主義」を否定して、「革新」を求めていた。それゆえ矢部は、議会が「背後ニ引キ退キ協賛ノ機関トシテ内閣ニ協力シテ行クコト」を求めた。

しかしこれだけでは、矢部の構想するデモクラシーとしての大政翼賛会ではなくなるおそれがあった。そこで一方では、官僚独裁体制にならないように、「官吏制度ノ改革」(「官吏ノ再教育」、「責任観念ノ養成」)を進めながら、他方では「国民ニ基礎ヲ置ク政治機構」を作ろうとした。「自由主義」的な「現状維持」路線に対抗して、内閣中心の一元化された統治機構と国民とが「国民ニ基礎ヲ置ク政治機構」を介して結びつくことで、デモクラシーとしての大政翼賛会が実現するはずだった。[23]

以上の構想を矢部は、海軍省の嘱託として、海軍省調査課で報告している。矢部は、近衛のブレーンであるとともに、海軍省からも政策構想の立案を委ねられていた。近衛に見切りをつけた矢部は、海軍への接近を急速に強めていく。具体的には、大政翼賛会の中央協力会議議長で、海軍大将の末次信正《すえつぐのぶまさ》を首相に擁立する工作に関与することになる。

海軍側も矢部の提言を受け入れて、「新国民組織ノ樹立」を要望する旨、意思決定をおこなう。その要領の第一条は、「新組織結成ノ為現行憲法ノ改正ヲ企図セズ」と強調している。この条項が翼賛会＝違憲論による批判を前提としていたことは明らかである。また第二条の「国民組織ノ指導機関ハ党（政治結社）タラズ」も、一国一党体制ではないことを明確にするための条項だった。

そのうえで、第三条は、「国民組織ノ指導機関ハ指導者原理ニ基ク組織トス」となっている。注記で「指導者原理トハ意志決定ニ際シ多数決ニ依ルコトナク指導的地位ニ在ル者ノ判決ニ依ル方式」と補足説明しているように、この第三条は、議会よりも内閣優位の機構を支える「国民組織」の樹立を想定していたことがわかる。要するにこの要領は、「公益優先ノ思想」を目的とする「国民組織」を打ち立てようとしていた。[24]

このような「国民組織」を作ることの困難さは、矢部のよく自覚するところだった。矢部によれば、「国民ニ基礎ヲ置ク政治機構」は、「営利主義ナラズ公益ヲ第一トスル」「指導原理」にもとづいて機能しなければならなかった。そのためには、「国民運動」が必要だった。「国民運動」は「軍官民ノ一致シタモノデナケレバナラヌ」のであり、また「政府カラノ天降リ的ノモノノデハ出来ナイ」からである。ただし矢部は、「下カラ盛リ上ッテ来ルコトヲ待ッテ居テモ日本国民ノ今迄ノ状態ニ於テ自然ニ出来テハ来ナイ」と悲観的な見通しを持っていた。「此ノ国民運動ガ一番難シイ問題ト考エラレル」。これが矢部の偽らざる心境だった。[25]

揺り返し

矢部が前途多難を予期したのは、おそらく社会大衆党の動向があったからである。社会大衆党は、「国民再組織」を掲げ、ある時は近衛新党構想に関与し、それが挫折すると、今度は解党してでも新体制運動に加わった。

その結果、どうなったか。「彼等の主唱せる新体制運動に対しては一般の支持少かりしのみならず、新体制準備委員に選任せられたる元党首麻生久の急死もありて、大方不振」に陥った[26]。矢部の提唱する「国民運動」も、同じ末路をたどりかねなかった。

矢部が「国民運動」の展開を困難に感じたもう一つの大きな理由は、国民世論の動向である。国民世論は、「自由主義」的な「現状維持」路線支持へと揺り返しが来ていた。国民世論の揺り返しはとくに都市部で著しかった。

たとえば東京府第三区の選挙区の政治情勢は、「表面上政党ニ対スル支持無シトスルモ選挙ニ於テハ旧政党的地盤ヲ有スル者ハ依然トシテ有利」であり、翼賛会支持は全選挙民の三割程度に止まるものとみられていた[27]。

興味深い観察が記されているのは、第四区である。「大政翼賛会ニ対シテハ当初ノ期待大ナルモノアリタルモ、漸次国民ノ実生活ト懸隔アル性格分明スルニ及ンデ信望見ルベキモノナク、随ッテ翼賛会ヲ背景トスル立候補者アルモ特ニ支持ヲ受クルガ如キ事ヲ望ミ得ザル実情ナリ[28]」。ここに示されているのは、翼賛会政治による国内の「革新」を一度は支持しながらも、翼賛会の理想とは異なる現実を知って、旧既成政党支持へと回帰していく国民世論の動向である。

その他の東京府選挙区でも大同小異の情勢だった。要するに、大政翼賛会に対する政府の基本方針が明確を欠くものだったために、たとえば第五区のように、「選挙民全般ヲ通ジテノ空気ハ殆《ほとん》ド無関心状態」に陥っていた[29]。

国内新体制と国際新体制

国内新体制の確立は、国際新体制の確立と連動していた。言い換えると、国内新体制は、国際新体制の影響を受けて、進展することもあれば、行き詰まることもあった。以下ではこの観点から、大政翼賛会の限界が明らかになる過程を再現してみたい。

国内新体制と国際新体制が連動していることは、矢部の議論でも前提となっていた。矢部のめざす国際新体制とは、「ベルサイユ体勢〔ママ〕ノ欠陥」を是正するものだった。矢部によれば、「ベルサイユ体勢〔ママ〕」は、主としてつぎの二つの欠陥を持っているという。一つは戦勝国による敗戦国を抑圧する国際システムであり、もう一つは英仏資本主義国の「現状維持」の国際システムである。

矢部はこうした「持てる国」による「現状維持」の国際システムの欠陥を補うために、ドイツの「生存圏」の考え方を援用しながら、新しい国際体制の確立を構想している。その構想とは、第二次欧州大戦におけるドイツの勝利を前提として、「南北米」、「蘇連《それん》」、「欧洲」、「日本中心ノ東亜地域」の四つの地域秩序に分割された国際体制だった。

矢部は、「東亜生存圏確立」に向けて、「国内体勢〔ママ〕、国力ノ認識ト欧洲戦争ト睨《にら》ミ合セツツ右ノ方向ニ出テ行ク必要アリ」と、フランス領インドシナ（仏印）、オランダ領インドシナ（蘭印）を含めて、「東亜生存圏確立」のために、たとえ蘭印をめぐってアメリカと戦争になることがあっても、南進すべきことを主張している。[30]

新体制をめぐる矢部の基本的な考え方は、海軍に新たな政治的役割を与えるものだった。海軍も矢部の構想を積極的に受容する。矢部を海軍のブレーンとして招いた高木惣吉《たかぎそうきち》大佐が昭和一五（一九四〇）年七月末にまとめた文書は、矢部と同様の国際新体制構想を展開している。

この文書は、第二次欧州大戦後、世界は四つのブロック、「欧亜（独伊）」、「蘇連」、「東亜（日本）」、「米洲（合衆国）」に分かれると予想している。これは矢部の分け方と同様で、英仏に対する枢軸国の勝利が前提となっている。しかも「米洲」だけが「自由主義」で、そのほかの三つのブロックはすべて「全体主義」と位置づけている。[31]

世界は「全体主義」の時代を迎えた。日本は、「海軍ノ力ニ依ル大亜細亜ノ日本化」、「海軍ノ力ニ依ル日本ノ世界政策」を実施すべきである、と高木は主張する。矢部の言う「東亜生存圏」は、高木の言う「東亜」の「広域自給圏」のことである。矢部は、海軍に南進を正当化する論理を提供した。

このような構想を持つ矢部は、昭和一五（一九四〇）年九月二七日の日独伊三国同盟の締結を歓迎した。「この他に行き方はなく、内容も合理的だ」ったからである。[32] 矢部は、「近衛首相の三国同盟についての放送文を読む。いい文章だ。東条《とうじょう》〔英機《ひでき》〕陸相のもいい」とほめている。[33]

近衛内閣が国内新体制確立との関連で三国同盟締結に踏みきったことは、たとえば重光葵《しげみつまもる》大使がロンドンから的確に見通していた。政府は「国内新体制を実現する手段として、三国同盟パクトを独伊との間に締結した。之によって軍部に満足を与え、国家総動員、新体制の実現を乗り切ろうと云うのである」。[34]

ところが三国同盟は、期待した結果をもたらさない。日独伊の三国間には思惑のちがいが大きすぎた。とくに対英開戦を日本に求めるドイツと、三国同盟の圧力によって日中戦争の解決と国際新体制の確立をめざす日本との間のギャップは、埋めがたいものがあった。しかも三国同盟締結によって、一挙に対米関係が悪化したことは、隠せなかった。

矢部は近衛に向かって、「三国同盟の予想外れ」を認めて、「独伊と心中主義はいかぬのであくまで日本独自でなければならぬこと、日米戦争は極力避けねばならぬ」と説いている。[35] 矢部は海軍省でも同様に、「支那事変の急速処理と、対米戦を出来るだけ回避する」ように「力説」している。そのためには「政治力の結集の必要」があった。[36]

しかし矢部の「力説」はむなしかった。国内における「政治力の結集」のために、対外的には三国同盟を結んだはずである。その三国同盟が期待はずれに終わった以上、国際新体制の確立との連動において、国内新体制を確立するという見通しも失われることになったからである。

三国同盟と大政翼賛会とは相互連関のなかで成立しながら、国際・国内新体制の確立をもたらすことはなかった。

「なんだかつくづく嫌になって」

その後、近衛内閣は、矢部の言うように、対米戦争回避のために、日米交渉に乗り出す。三国同盟が日米関係の調整のさまたげとなるのであれば、近衛は三国同盟の空文化もためらわなかった。近衛は三国同盟締結一周年記念の式典に欠席する。

矢部は、自己の構想が破綻したことを認めざるを得なくなった。「東亜生存圏」を求めて、アメリカとの対決も辞さず、との一年前の決意を覆した。「遺憾乍ら一歩退く……将来を期する」と矢部は日記に記している。[37]

もはや矢部に近衛への未練はなかった。日米交渉が不調に終わる。近衛は三度目の内閣を投げ出す。この時、矢部は「当然に予期せるところ」と冷静に受け止めている。[38]

ところが後任は、予想外の東条英機だった。矢部は末次内閣の登場を待っていた。「三国同盟締結後の日本の方向を担っているのは海軍である……必勝の信念と、決断実行力のある人物なること、この何れの見地より見るも末次大将は最も適任である」[39]と考えていた矢部にとって、陸軍から首相が出たことは、望ましくなかった。矢部は「どうも新内閣には大した期待が起らぬ」と記している[40]。

東条内閣は、組閣後、二ヵ月もしないうちに、矢部が回避しなければならないと強く主張した日米戦争をはじめてしまう。矢部の構想した国際新体制は、成立のための前提条件を失うことになった。

さらに国内新体制も、矢部の思うようにはいかなかった。矢部は、この年（昭和一六年）の末に、「翼賛会は衰滅した。これは千載の恨事と思う」と失敗に終わったことを認めている[41]。

それでも矢部は望みを捨てず、海軍に期待をつないだ。矢部は海軍省で、「大東亜新秩序」確立のために、陸海軍間のセクショナリズムを排して戦争指導を一元化し、南方の武力進出を軍政から民政へと早期に移行すべきことを説いた。

しかし海軍側は、「共栄圏とか、共存共栄とか、帝国主義の排除とかいうことすら、反対している」ことがわかった。

日米開戦後の剝き出しの軍事力と軍事力とのぶつかり合いのなかで、理念のかけらさえ、どこかへ吹き飛んでいってしまった。矢部は「なんだかつくづく嫌になって、積極的に海軍のために努力する気も失せて」いった。[42]

3　日中戦争の末路

理想と現実のギャップ

日中戦争は、首都の南京陥落後も、一向に終結の見込みがなく、長期化していた。目的が不明確なままにはじまったこの戦争は、途中で何度か戦争目的の再定義が試みられた。その結果、戦争目的は「東亜新秩序」の建設になった。この戦争目的を理解しない蔣介石の中国と蔣介石を支援する第三国とは戦わなければならない。悪いのは蔣介石である。中国民衆は悪くない。日本政府は、蔣介石の中国と中国民衆を区別する建前をとるようになった。

戦争目的の再定義は、戦争の長期化に伴って、前線の兵士たちを戸惑わせる。雑誌『兵隊』のある寄稿文は、日中戦争が「総力戦」であるならば、「敵国に属するものは、犬の子でも撃ち亡ぼさねばならない」と述べている。しかし「支那大衆の九割以上が『戦争しているのは蔣委員長であって我々の知ったことではない』のである」。そうだとすると、中国と「総力戦」を戦うことはできなくなる。中国の民衆を敵に回すことになるからである。中国の民衆を敵に回すことなく、「総力戦」を戦うことはできるのか。「支那事変処理のむずかしさはここにも潜んでいる[43]」。これが前線の兵士たちの実感だった。

戦争目的の理想と戦場の現実とのあまりにもはなはだしいギャップは、兵士たちに疑問を抱かせたにちがいない。この点に関して、ある兵士のつぎの回想は、当時の兵士たちの平均的な意識だったと推測できる。

その兵士は、華北での作戦行動中に、「一人のガリガリに痩せ細った母親が、これも骨と皮ばかりの赤ん坊に母乳の代わりに草の茎をしゃぶらせていた」のを目撃する。「私はこの光景につよい衝撃を受けた。日本軍はアジア解放のため、中国民衆の愛護のために戦うのだと教えられてきたのに、貧しい農民たちは飢えに追いやられているではないか。それを討伐するというのが皇軍の姿なのか、という疑問をもった。聖戦の美名と、民衆への弾圧の実態との大きな差違をかねて感じていたが、目のあたりに飢えた母子の姿を見て、この現実につよい感銘を受けた[44]」。

この兵士は、何人かの実名を挙げて、彼らとの「話し合いで、私以外にも戦争に疑問をもっている将校が存在していることを知った。それもいつ帰国できるかわからない現役をわざわざ志願した幹候〔幹部候補生〕出身の将校なのに、この戦争に不満や不安を感じていたのである。だがこれは、このころの中国戦場における日本軍の実際の姿の反映だった」と回想している[45]。兵士たちは、戦争目的に忠実であろうとすればするほど、戦場の現実とのギャップから、戦争への疑問が深まっていった。

内地も、日中戦争をめぐる理想と現実のギャップを、認識していた。すでにみたように、たとえば社会大衆党は、戦争による社会の平準化が朝鮮人差別の撤廃につながると期待していた。

しかし差別撤廃の兆しは、いつまでたっても見えて来なかった。ある新聞社の関係者は、「朝鮮人ノ立場ハ今后《こんご》益々重要性ヲ加エテ来ルト思ウガ、今ノ儘《まま》デハ如何ニ内鮮一体ヲ叫ンデモ不可デアル」との見通しを持っていた。この意見の持ち主は、主観的な意図として差別撤廃のために、創氏改名を提唱する。「今日如何ニ成績ガヨクテモ人物ガシッカリシテ居テモ、金トカ馬トカ言ウ其ノ名デ人並ニ進メナイ実状デアル。各学校特ニ小学校等ノ事ヲ考エルト涙ガ出ル位可愛相デアル。当局ハ此ノ点ニ思ヲ致シ議会ヲ通ジテ改名ノ実現ニ努メ真ノ内鮮一体ニ努メラレ度イ[46]」。

この意見の翌々月、日本政府は朝鮮で創氏改名を公布する。戦争による平準化がはかばかしく進展しないなかで、差別撤廃をめざす政策が、客観的な結果として、いっそうの差別の拡大につながっていくことになってしまった。

監視される帰還兵たち

長期戦の戦場で、理想と現実との大きな落差に、深刻な心理的亀裂を抱えて帰還した兵士たちは、緒戦の勝利後とは異なり、軍当局から歓迎されるどころか監視と取締りの対象になっていく。

昭和一四（一九三九）年二月六日付けの陸軍次官の通牒「支那事変地ヨリ帰還スル軍隊及軍人ノ言動指導取締ニ関スル件」によれば、帰還兵のなかに「穏当ナラザル言動ニ出ズルモノ」が少なくなく、「特ニ帰還将兵ノ帰郷後ニ於ケル不穏当ナル言辞ハ、流言飛語ノ因トナルノミナラズ、皇軍ニ対スル国民ノ信頼ヲ傷ケ、或ハ銃後団結ニ罅隙《かげき》ヲ生ゼシムル等其ノ弊害極メテ大ナルモノアリ」といった状況だった[47]。

同通牒は、「不穏当ナル言辞」の事例をつぎのように挙げている。

「戦争ニ参加シタ軍人ヲ一々調ベタラ皆殺人、強盗、強姦ノ犯人許リダロウ」。
「日本軍ハ多クノ支那人間諜ヲ使役シ必要ガナクナレバ全部殺シテ居ル」。
「戦地ニ於ケル我軍ノ掠奪ハ想像以上ニシテ占領地ニ対スル宣撫ハ僅カ一部分ニシカ行ワレアラズ」。
「モウ二度ト戦争ナンカニ行キタクナイ。戦争デ死ンダ者ハ実ニ悲惨ナモノダ[48]」。

軍当局が警戒したのは、「凱旋気分ニ駆ラレ」、あるいは「従軍ノ辛苦ヲ体験セリトノ優越感等」により、帰還兵が長期戦に伴う退廃した戦場の現実を内地に持ち帰ることだった。

軍当局が帰還兵たちを監視しようとしたのは、帰還兵たちの言動が国内の政治状況と連動することをおそれたからでもある。

軍当局の危惧は、陸軍次官の発言に現れている。「我ガ国内ニ於ケル左右両翼ノ思想運動ハ漸次活潑トナリ、特ニ其ノ策動目標ヲ内地帰還軍人ニ指向シ、或ハ各種ノ手段ヲ講ジテ、軍部ニ接近シ、軍人ヲ利用セントスル傾向再ビ顕著ナラントスルモノアル」[49]。帰還兵たちは、国内「革新」をめざす軍部の政治的実戦部隊を構成するはずだった。ところが実際には、軍部は帰還兵たちの行動を著しく制限していくことになる。大政翼賛会成立の過程で、東条陸相は「軍ハ新体制ノ中核トハ思ワナイ」と発言し、在郷軍人個人としての参加は認めるものの、在郷軍人会としての参加は認めないとの立場をとった[50]。

海軍も同様に、「個人トシテ又団体トシテ一般現役軍人ノ参加ヲ認メズ」との基本方針だった[51]。海軍の基本方針が矢部の政策提言にもとづいていたことは明らかである。矢部の構想では、「軍隊トシテ入ラズ」、「住民、世帯主」の立場から参加することになっていた。矢部が想定していたのは、「全国民」の組織である。その組織とは、文化と経済のレベルでの職能組織のことだった。軍は職能組織ではない。矢部の意図は、大政翼賛会が一国一党体制になることの否定である。軍が中核となって、新体制の下で党の機能を果たすようになることは、どうしても避けなければならなかった[52]。

在郷軍人会は、この考え方を受け入れる。「本会トシテハ政治問題以外之ニ全面的協力ヲナスコトハ当然ノコト」として、大政翼賛会への政治的関与を諦めた[53]。

以上の過程は、違憲の疑いのある一国一党体制ではない、大政翼賛会を創設する過程だった。その結果、兵士たちは自己の政治的意思を伝える回路が断たれた。大政翼賛会の成立によって、戦場から国家を改造する可能性は失われた。

「東亜連盟」論

大政翼賛会は、成立の翌年四月、改組される。当初の理念が骨抜きになるなかで、政策局東亜部が東亜局へと格上げされた。この背景には、石原莞爾《いしはらかんじ》の「東亜連盟」運動があった。[54]石原の思想は、部分的に中国でも広がりをみせていた。現地軍も占領地の抗戦意識を弱めるために、「東亜連盟」論を推奨したという。[55]

国内においても、亀井貫一郎のように、大政翼賛会のなかで、積極的に呼応しようとする勢力があった。「東亜連盟」論は、日中戦争の目的を明確化し、中国側に受け皿があると考えられたため、魅力的な構想だったようである。東亜部の部長には、亀井が就任している。[56]石原の「東亜連盟」論を冷ややかに眺めていたのが、矢部である。矢部はかつて日中戦争の初期に現地で石原と意気投合し、石原の政治的指導力を高く評価していた。[57]

しかし、大政翼賛会成立後には、もはや気持ちは離れていた。矢部は昭和一六（一九四一）年一〇月八日に石原の話を聞いている。「要するに東亜連盟の鼓吹と、絶対非戦論で、たとえ屈服的であろうと一切戦争は不可だというし、東亜連盟にやらせさえすれば、六ヶ月で支那の全面和平が出来るという絶対自信なので、これも一つの考え方ではあるが議論にはならぬ……どうも承服は出来ぬという感じで、直ぐ帰る」[58]。大政翼賛会の目算が外れた矢部にとって、「東亜連盟」論程度で新体制を立て直すのは、ほとんど不可能だったにちがいない。石原の大言壮語に矢部が左右されることはなかった。

さらに在郷軍人会の政治的関与すら否定した軍部が、石原の「東亜連盟」運動を認めるはずはなかった。近衛内閣は「東亜連盟」論を退けている。

石原にとって深刻だったのは、「東亜連盟」論を否定する大政翼賛会の変質に伴って、大政翼賛会の原型ともいえる満州国協和会もその影響を受けるようになったことである。石原は、「協和会はもう駄目だ。役人の支配する御用クラブになってしまった。大政翼賛会と全く同じだ。解散した方がいいだろう」と慨嘆したという[59]。新体制運動は完全に行き詰まった。

汪兆銘政権の運命

大政翼賛会の改組の際に、東亜部が東亜局へと格上げされたことは、政府が日中関係を重視しながらも、打開策を見出せないでいたことの現われだった。

大政翼賛会成立に先立つ昭和一五（一九四〇）年三月に、南京に新政府（南京国民政府）が生まれ、日本はこの政府との間で日華基本条約を結んでいる。これで日中戦争は終わってよいはずだった。しかし、戦争は終わらなかった。南京政府が日本の傀儡《かいらい》であることは、明らかだったからである。

この政権は、陸軍の影佐《かげさ》禎昭《さだあき》を中心とするグループによる対中和平工作の一つとして実現した。陸軍参謀本部支那班長、支那課長、謀略課長、上海駐在武官を歴任した影佐の履歴が端的に示しているように、この政権は軍の謀略によって生まれた傀儡だった。

もっとも、蒋介石政府のナンバー2汪兆銘を担ぎ出すことに成功したのだから、謀略といっても、日中関係全体に及ぼした影響は大きかった。

汪政権と日本人（前列左から今井武夫、汪兆銘、影佐禎昭）

さらに、皮肉なことに、この謀略に従事した陸軍関係者が、陸軍のなかでも例外的に中国をよく理解していた。

たとえば今井《いまい》武夫《たけお》である。今井は支那班長として、汪兆銘工作に関与した。今井は汪兆銘側との信頼関係を築き、傀儡とみられないような政府を作ることに腐心している。今井の回想によれば、「当時日本では、一般に支那事変によって生じた犠牲の代償として、従前の通り、領土や賠償金を獲得しようと考え勝ちであった」。対する今井は「侵略主義的象徴である領土や賠償の要求を行わぬは勿論、租界の返還や、不平等条約の撤廃まで、進んで公約しようという趣旨で、陸軍省の同意を求めた」という[60]。

要するに日本側では、謀略を企てた当事者たちが中国との和平にもっとも積極的だった。しかし内地の政府は、彼らとは異なる対応をとろうとしていた。

汪兆銘政権成立直前の貴族院の秘密会議において、米内首相は、汪兆銘政権と結ぶ予定の条約案を説明している。この秘密会議では、質問を受け付けないことになっていたにもかかわらず、丸山鶴吉《まるやまつるきち》（内務省出身の政治家でのちに大政翼賛会事務総長に就任）議員が質問に立った[61]。

丸山は、汪兆銘の統治能力への疑問を抑えることができなかった。「汪氏ヲ相手ニシテ新中央政権ヲ樹立シ、我ガ国ガ徹底的ニ之ヲ援助シテモ、本当ニ支那ヲ統一シテ我ガ政府ト対立シテ、此ノ東亜ノ問題ヲ相談スルニ足ルダケノ力ヲ持ッテ居ルカト云ウコトニ付テハ非常ナ疑問ヲ持タザルヲ得ナイ」。汪兆銘工作が謀略としてはじまった以上、丸山の疑問はもっともなものだった。

さらに丸山は、影佐や今井の考えを批判する。「国民ノ多数ガ是ダケノ犠牲ヲ払イ、是ダケノ、或ハ可愛イ子供ヲ失イ、兄弟ヲ失イ、親ヲ失ッタト云ウ人達カラ見マスレバ……若シ新政権ガ樹立致シマシテ、ソウシテ此ノ間ニ条約ガ出来テ、是ガ公表サレマシタ時……国民ノ一部ニ斯クノ如キ非常ナル希望ト待望ヲ持ッテ居ルモノニ非常ナル失望ヲ与エル結果ガ起ッテ来ルノデアリマス」。内地の現実主義が謀略の側の理想主義を否定しようとしていた。丸山が現実主義的だったのは、汪兆銘ではなく、蔣介石を相手にすべきではないかと示唆しているからでもある。「是ダケデハナカナカ収拾ニ行カヌノデアリマスカラ、此ノ新政権ヲ通シテテト申シマスカ、或ハ利用シテテト申シマスカ、ドウシテモ或大キナ働ガ重慶政府ノ方ニ向ケラレナケレバナラヌコトヲ予想致シテ居ルノデアリマス」。実際のところ陸軍中央を含む政府は、影佐や今井とは異なって、蔣介石政府との和平こそ真の和平と考えていた。政府にとって汪兆銘政権は、蔣介石との和平の捨石だった。

以上にみた日本側における複雑な政治過程を経て、汪兆銘政権は成立する。蔣介石との和平の捨石である以上、日本政府は汪兆銘政権の自立性を強く制限した。首都は日本の占領地域の南京であり、日本軍の駐留権を認めさせた[62]。

汪兆銘側も自己の役割をよくわきまえていた。汪兆銘の側近、周仏海《しゅうふつかい》は、戦争の収拾策として、「汪、蔣合作のもとで全面和平が実現する」ことがもっとも望ましいと考えていた[63]。

しかし、そうであればいっそう、汪兆銘政権に自立性が必要だった。単なる傀儡政権では、蔣介石の重慶政府に対する影響力がほとんどなかったからである。

影佐や今井は、当然、自立性を認めるように努めていた。ところが現地軍はそうではなかった。周仏海は、現地の「日本の中下層軍人はいまだに理解を欠いており、特に華北ではひどい」と日記に記し、「このような状況では重慶と和を講じようとしても、重慶が応じようとしないだけでなく、わが方もその主張をしない。中・日関係の調整の鍵はやはり日本側にあり、日本側がこのようでは悲観するしかない」と慨嘆している。[64] 汪兆銘政権の前途は多難だった。

汪兆銘政権の不安定な状態をもたらしたのは日本の責任である。このような反省が汪兆銘政権をとおして和平を求める側から起きるようになる。西義顕《にしよしあき》は「汪政権は実に気の毒な存在であり、事変処理のぶざまは見るに堪えない次第だ」と同情しつつ、日本政府を批判する。「日本は汪政権に『起ち上れ起ち上れ』というが汪政権は起ち上らない。それは汪政権が起ち上らないのではない。……立ち上れないようにして立ち上らせようとするところに根本的な矛盾と欺瞞がある」[65]。満鉄社員としてかねてより中国「親日派」の知遇を得て、事変勃発後は日中和平のために、汪兆銘工作にも積極的に関与した西ゆえに、政府の対応への批判は的確であり、かつきびしかった[66]。

汪兆銘政権成立後も、和平が訪れる様子はなかった。それどころか現地の情勢は、日米開戦後、いっそう悪化した。日中提携を求める者こそが、以下のように告発するようになっていく[67]。「事業を奪われ、生活を奪われた支那民衆は正に飢に泣く惨状だ。……食米不足のため生活の糧を求める代りに饑餓を求むる数知れぬ民衆の姿も痛ましい。生きんがために彼らの民族意識は昂揚されて行く」。

このように中国ナショナリズムを追い詰めながら、他方で日米開戦後、「大東亜共栄圏」

の確立を掲げて戦争を拡大する日本の態度の矛盾を、この告発者は糾弾する。「歴史的必然の民族国家たる支那民族を圧迫して東亜共栄圏を確立しようとすることは及ばざるも甚だしいことだ。支那を抹殺して東亜共栄圏はなく支那の歴史的必然を抹殺して日支提携はない」。それではどうすればよいのか。「支那国家の政治の独立を尊重して不渡り手形を兌換《だかん》し、支那をして歴史自らの力によりて解決せしむることが日支の前途に残されたるただ一つの道である」。

ところが実際には、「不渡り手形」が「兌換」される見込みはほとんどなかった。「上海共同租界の経営方針も東洋新秩序原理に反し日本の都合のみに固執したる自我の強行以外の何物でもない」状態だったからである[68]。

ここにおいて汪兆銘政権の運命は定まった。同時に日本の運命も定まった。日中戦争をとおして確立すべき理念は、過酷な現実に直面して、粉々に砕け散っていった。

注

1. 内務省警保局保安課『特高月報』（昭和一三年一一月）八八頁。
2. 同右、九四頁。
3. 同右（昭和一四年一月）七三頁。
4. 同右、七五頁。
5. 古川隆久「戦時議会と戦後議会」（『岩波講座　アジア・太平洋戦争2』岩波書店、二〇〇五年）三八頁。
6. 内務省警保局保安課、前掲書（昭和一五年一月）四二頁。
7. 国策研究会編『戦時政治経済資料　第一巻』（原書房、一九八二年）六四〜六五頁。
8. 同前書、六五頁。
9. 同前書、一一二頁。
10. 尾崎秀実『尾崎秀実著作集　第三巻』（勁草書房、一九七七年）一六三頁。
11. 同前書、一六四頁。
12. 注10に同じ。
13. 内務省警保局保安課、前掲書（昭和一五年七月）六五頁。
14. 同右、六八頁。
15. 尾崎、前掲書、二五五頁。
16. 古川隆久「戦時議会と戦後議会」（前掲『岩波講座　アジア・太平洋戦争2』）四一頁。
17. 同前書、四一〜四二頁。
18. 矢部貞治『矢部貞治日記　銀杏の巻』（読売新聞社、一九七四年）三七九頁。
19. 同前書、同頁。
20. 同前書、三八〇頁。
21. 伊藤隆『近衛新体制』（中公新書、一九八三年）二〇七頁。
22. 矢部、前掲書、四〇七〜四〇八頁。
23. 土井章監修・大久保達正ほか編『昭和社会経済史料集成　第十巻』（大東文化大学東洋研究所、一九八五年）一四七〜一四八頁。
24. 同前書、五九九頁。

25．同前書、一四八頁。
26．内務省警保局保安課、前掲書（昭和一五年九月）三八～三九頁。
27．吉見義明・横関至編『資料日本現代史　4』（大月書店、一九八一年）三三九頁。
28．同前書、三四〇頁。
29．同前書、三四一頁。
30．土井監修・大久保ほか編、前掲書、一四六頁。
31．伊藤隆ほか編『高木惣吉　日記と情報　上』（みすず書房、二〇〇〇年）四三三頁。
32．矢部、前掲書、三五五頁。
33．同前書、同頁。
34．井上寿一「国際協調・地域主義・新秩序」（安田浩ほか編『シリーズ日本近現代史　3』岩波書店、一九九三年）二九六頁。
35．矢部、前掲書、三八五頁。
36．同前書、三九四頁。
37．同前書、四四二頁。
38．同前書、四六五頁。
39．同前書、四五三頁。
40．同前書、四六六頁。
41．同前書、四八七頁。
42．同前書、四九四頁。
43．『兵隊』第三〇号（昭和一八年七月）二一頁。
44．藤原彰『中国戦線従軍記』（大月書店、二〇〇二年）五九頁。

45. 同前書、五五頁。
46. 吉田裕・吉見義明編『資料日本現代史　10』（大月書店、一九八四年）三三三頁。
47. 吉見義明・吉田裕・伊香俊哉編『資料日本現代史　11』（大月書店、一九八四年）、付録『資料日本現代史月報』一二頁。
48. 同前書、同付録、一四～一五頁。
49. 吉田・吉見編、前掲書、三五一頁。
50. 加藤陽子「総力戦下の政―軍関係」（前掲『岩波講座　アジア・太平洋戦争2』）二一頁。
51. 土井監修・大久保ほか編、前掲書、五九九頁。
52. 土井章監修・大久保達正ほか編『昭和社会経済史料集成　第十一巻』（大東文化大学東洋研究所、一九八六年）八八頁。
53. 同前書、三三八頁。
54. 加藤、前掲「総力戦下の政―軍関係」二二頁。
55. 阿部博行『石原莞爾――生涯とその時代　下』（法政大学出版局、二〇〇五年）四六〇頁。
56. 加藤、前掲「総力戦下の政―軍関係」二二～二三頁。
57. 井上寿一『アジア主義を問いなおす』（ちくま新書、二〇〇六年）一六〇～一六一頁。
58. 矢部、前掲書、四六三頁。
59. 阿部、前掲書、四六四頁。
60. 今井武夫『支那事変の回想』（みすず書房、一九六四年）七三頁。
61. 参議院事務局編『貴族院秘密会議事速記録集』（大蔵省印刷局、一九九五年）四一六～四一八頁。
62. 井上、前掲書、二〇七～二一〇頁。
63. 蔡徳金編（村田忠禧ほか訳）『周仏海日記』（みすず書房、一九九二年）二〇一頁。

64. 同前書、一八五頁。
65. 高綱博文編『十五年戦争極秘資料集　補巻19』（不二出版、二〇〇二年）六八頁。
66. 戸部良一『ピース・フィーラー』（論創社、一九九一年）三六五頁。
67. 高綱編、前掲書、七一頁。
68. 同前書、六九頁。

V章　「神の国」の滅亡

1　日本主義の盛衰

京都学派の登場

大政翼賛会の成立にもかかわらず、国内「革新」は進まなかった。このような行き詰まりを打ち破るために、新たな理念による国内体制の方向づけが必要になった。

この問題をもっとも強く意識していたのが、海軍省調査課である。翼賛体制の論理と政策を矢部貞治の政治学に求めて挫折した海軍省調査課は、今度は京都帝国大学に接近する。高木大佐は、昭和一六（一九四一）年一一月、京大文学部を訪れている。協力への謝意を表するためだった[1]。

以後、京都帝国大学文学部のいわゆる京都学派と呼ばれるグループ（高山岩男《こうやまいわお》、高坂正顕《こうさかまさあき》、西谷啓治《にしたにけいじ》、鈴木成高《すずきしげたか》たち）は、海軍をとおして、対外関係だけでなく、国内体制に関しても、思想・哲学の観点から方向性を与えようと試みる。海軍省調査課において、京都学派の知識人たちは、昭和一七（一九四二）年二月一二日の第一回から翌一八（一九四三）年一月二日の第一八回会合まで、議論を展開している。

京都学派が直面した最初の難問は、長期化した日中戦争をどのように解決するかということである。戦争の拡大過程に対応して、さまざまな日中提携論が台頭しながらも、戦争は解決の兆しすらみせなかった。

高坂は、中国の抵抗の背景に、伝統と文化を見出している。「支那は既に今日迄に独自の完成された伝統、文化をもつ故、これを今後大東亜建設に協力せしむるために新しき歴史観と理念を与える事は極めて困難である」[2]。

西谷は、日本による中国解放の理念が受け入れられない理由を、中国が欧米帝国主義国によって「搾取され乍ら満足」しており、他方で「日本が欧米の搾取を排斥した事により却《かえっ》て支那人の生活を奪うという拙い結果も起っている」ことに求めている[3]。

固有の伝統と文化を持つ中国が欧米を志向する時、日中提携はその思想的な根拠を失うことになった。

京都学派の国内改革構想

それでは日本はどうすべきか。

「支那を真に日本についてこさせるには日本の国内改革が必要」と東洋史研究の泰斗、宮崎《みやざき》

京都学派の人びと（前列が西谷啓治、後列左より高坂正顕、木村素衛、波多野精一、朝永三十郎、田辺元、天野貞祐、高山岩男）

市定《いちさだ》は指摘する。[4] 西谷も同様に、アジアのナショナリズムが日本を尊重するようになるためには、「日本の国内問題が根本的に関連する」と述べている。西谷の発言を受けて高山も、「結局は国内問題と対外政策は不可分であり、故にこれ迄のような単に日本的日本人を造る思想では駄目であって、世界的日本人を造る原理の確立が緊急となる」と問題を提起している。[5]

「日本」の否定のうえに「世界」を肯定し、「世界的日本人」の創造をめざす京都学派の思想的な立場は、たとえばつぎのように「国体」概念が他の概念に超越することを否定する。「何故日本が盟主であるかという事は歴史から出てくるのであって天降り的に国体から定っているのではない。その日本の世界史的必然性よりする歴史的使命を明確に意識し、それを理論的に把握して歴史哲学を確立する事が我々の重要な課題でなければならぬ」。これは鈴木以下、一同の一致した意見だった。[6]「世界史の哲学」を掲げる京都学派にふさわしい役割認識だったといえる。

彼らの議論で特徴的なのは、満州事変以来の日本の態度を反省している点である。たとえば田辺元《たなべはじめ》は、「過去の満洲事変以来の日本の Imperialism 的やり方を率直に反省し、ざんげし、その自由主義、帝国主義から来た現在の破綻、のっぴきならぬ改革の必要を自覚し、国内改革をやる必要」があるという。それでは「自由主義」、「帝国主義」を超克するために、どうすればよいのか。「この戦争を機会に在来の資本主義的体制を政治との関係や労働力の問題に於て思いきって radical に改革すべきではないか」。これが田辺の主張だった。[7]

田辺の発言が示唆するように、「自由主義」や「帝国主義」の否定のうえに立つ、京都学派の考える国内改革構想は、「社会主義」化の側面を含む社会の平準化を志向していた。しかも京都学派の議論は、抽象的、あるいは哲学的なものではなく、詳細で具体的な内容を伴っていた。たとえば京都学派が資本主義を改革し、資本家と労働者との関係を平準化すべきと提言する時、その内容はつぎのようなものだった。「社長、重役その他指導者の挺身垂範が切実に重要なり」。「上層階級の有する本来の種々の点に於ける特権性の印象から来る不平は、工員の挺身努力の意気を鈍らす事多々あり」。「上層階級の自粛、実に不足なる現状に在り」。京都学派は、「上層階級」の「特権性」を批判してやまなかった。[8]

社会の平準化による国内改革をめざす京都学派にとって、「日本」とは植民地を含む「日本」のことだった。「日本的日本人」を否定する京都学派にふさわしく、彼らは朝鮮人をも対象として、国内社会の平準化による改革を求めている。

当時、政府は、植民地からも戦争支持を調達するために、朝鮮人や台湾人の参政権を検討していた。しかし現実には朝鮮人議員はわずか一人で、その一人も昭和一七（一九四二）年四月の翼賛選挙において、政府の推薦を得ながら、落選している。[9]

田辺は政府のどっちつかずの対応を批判して、「朝鮮人ヲ一方デ開発シテ批判意識ヲモタシメナガラ、同時ニ強力化スルコトヲ抑エテ政府ハ一体ドウスルツモリカ」と疑問を投げかけている。[10]「日本的日本人」、すなわち大和民族だけの日本人を否定して、「世界的日本人」の創造をめざす京都学派にとって、その「世界的日本人」のなかには、朝鮮人や台湾人も含まれていなければならなかった。

日本主義の逆説

京都学派の議論に通底しているのは、日本精神や日本主義への懐疑である。彼らの批判は、机上の空論ではない。それどころか周到なフィールドワークの成果をもとに、理論化したものだった。

たとえばある回の会合で、木村素衛《きむらもともり》（ドイツ思想の哲学者、教育学者）が、満州国と中国の現地調査の結果を報告している。木村が中国の華北地方で学校施設を参観した際に目撃したのは、「内地ではもはや老朽になった者が金の欲しさに渡って来」て教師をしており、彼らが「全く狭い盲目的な愛国主義を振り廻し、日本を天降り的神がかり的に崇拝させるように現地の青少年を教育していた」ことだった。これでは中国側が受け入れるはずはない。木村によれば、北京大学では「所謂狭量な日本主義者の理論は彼等は一様に納得しなかった」という。[11] いうまでもない。当然の反応である。

要するに問題は、「日本の従来の動きが未だ真の道義性に立脚していず、利害打算を含んでいたことだった。田辺は危惧した。これでは戦争が長期化していくなかで、「道義性」を打ちたてようとする国民の「気持が崩れてくるのではないか[12]」。

京都学派が日本精神、あるいは日本主義を批判した理由はほかにもあった。もっとも大きな理由の一つは、日本主義者の唱える日本主義が日本固有のものではなく、中国伝来の思想だったという逆説である。当時の中国研究の最先端を行く宮崎が「今の右翼の思想は本質的に支那思想、支那の歴史にあれと同じ派があった。日本の真の神道は万葉精神であって、大義名分、皇道は支那より伝来せるもの」と指摘している。これには誰もが納得したにちがいない。[13]

そうである以上、「外国に向っては日本即一切日本こそ絶対という如き点を余り強調しては却って敵の反感を招く」から、これはぜひとも避けなければならなかった。「然るにそれを矢鱈《やたら》に云いたがる傾向がある[14]」。たしかに国内では日本主義者たちが跳梁跋扈《ちょうりょうばっこ》していた。

日本主義の興隆

日本主義者たちは、蓑田胸喜《みのだむねき》が率いる原理日本社を拠点として、帝国大学粛正運動を展開していた。滝川事件で京都帝大の滝川幸辰《たきがわゆきとき》教授を追放するきっかけを作り、天皇機関説問題で美濃部達吉《みのべたつきち》（東大の憲法担当教授、貴族院議員）を追い込み、津田左右吉《つだそうきち》（早稲田大学教授、『古事記』『日本書紀』の神話性を批判し、著書が発禁処分となる）に難癖をつけ、矢部貞治にまとわりつき、京都学派に思想戦を挑んだ蓑田の行動は、戦後アメリカの反共主義、マッカーシィズム、赤狩りにたとえることができる。[15]

なぜ蓑田の言動が日本の思想状況を席巻したのか。私たちは、このトリックスターのもとに多くの学生が短期間に集まり、自由主義の撲滅運動に参画したことを軽視すべきではない。国民がこの狂信的な国家主義者を支持した思想的な背景には、「自由主義」や「私益」を批判して、「全体主義」や「公益」の確立をめざす勢力の台頭があった。

さらにこの運動は、対外政策と連動して、思想戦のレベルにとどまらない広がりを持っていた。対外政策に関して、蓑田といわば思想的な同盟者となったのが白鳥敏夫である。満州事変を契機に軍部に接近した白鳥は、「革新外交」、「皇道外交」を主張するようになっていた。

白鳥によれば、満州事変によって「大陸ニ於ケル軍事行動ト国内ノ思想運動トハ一見彼此関連ナキガ如クシテ実ハ同一現象ノ表裏ニ過ギザルコト漸《よう》ク明瞭」になったという。白鳥は、大陸の軍事行動に対応して、国内においては「一君万民ノ国体ヲ明瞭ニシテ天皇政治ノ確立」をめざすと主張している。

白鳥の主張には、日本主義のイデオロギーがあふれている。「自由主義」、「デモクラシイ」は時代遅れであり、「国家主義」、「民族主義」の世界的傾向が不可避となった。「明日ノ政治哲学ハ全体主義」である。このような時代認識に立つ白鳥は、「日本建国ノ大理想」にまでさかのぼって、欧米の「物質主義」の克服を訴えている。白鳥によれば、日本は新たな「文化史的使命」を帯びて、日中戦争を戦っているのだった。[16]

蓑田胸喜

白鳥の「革新外交」、「皇道外交」も、蓑田の思想と同様に、そのイデオロギー性を批判するだけでは、なぜ短期間に日本外交の主流の考えとなったのか、理解することができない。白鳥は、京都学派が重視した「道義性」に注意を払っていた。単に日中戦争を「革新」や「皇道」のイデオロギーで正当化しただけでなく、白鳥は「従来我々の為し来った所にも過誤はなかったか、支那人をして帝国の公正なる意図を理解せしむる事に何程の努力がなされたか、この点国民として猛省する必要がある」と自省している。[17]

白鳥の日本主義の立場は、イデオロギーの強制ではなく、道義的な日中「提携」の考えを共有していた。そのような日本主義だったために、日本外交の新しい理念になる可能性があった。

白鳥はその後、日独伊三国同盟によって枢軸国との同盟関係の構築に成功すると、今度は昭和一七（一九四二）年の翼賛選挙で当選し、国会議員として国内体制の確立に関与していくことになる。

「八紘一宇」問題

蓑田たちの日本主義イデオロギーが国内の思想状況を席捲できたのは、議会や軍部、内務官僚、あるいは文部省にも支持者がいたからである。[18]たとえば議会において日本主義が勢力を確立する過程は、つぎのように確認することができる。

昭和一六（一九四一）年三月二二日の衆議院決算委員会は、「非常ナ重要ナ問題」を議論するために、秘密会を開いた。「厳封シテ保管」された速記の内容が公開されたのは、それから半世紀以上も経た一九九六年である。いったい何が議論されていたのだろうか。質問に立ったのは、生田和平《いくたわへい》議員である。[19]

「私ハ近衛総理大臣ニ対シマシテ以下数項ニ付テ質問ヲナサントスル者デアリマス／日本国ハ神ノ国デアルト思ウガ、首相ノ御意向ヲ承リタイ、是ガ一点」。

わざわざ秘密会にするくらいだから、どれほどの国家機密に関する質疑応答がなされたのかと思いきや、いま読むと失笑を禁じえないような内容である。なぜ日本が「神の国」であるかを首相に質さねばならなかったのか、想像することはむずかしい。

もっとも、当事者たちは真剣そのものである。議会が政府を追い込む時、天皇制のタブーを政治的に活用することが、天皇機関説問題以来、常套手段となっていたからである。生田議員も同様の意図からこのような質問をしたにちがいない。

議員側の質問意図は、明らかに政府の答弁の言葉尻をとらえて、立往生させることにあった。たとえば生田たちは、「八紘一宇ニ関スル質問主意書」のなかで、近衛内閣が「国是」とする「八紘一宇」の原理について、首相の見解を質している。政府の答弁書は、「八紘一宇」とは、「神武天皇御奠都《てんと》ノ際下シ給ワリタル詔」の一節にある言葉で、神武天皇の「大御心ト同様ノ意義ナリト思料ス」と説明した。

しかしこれは「大ナル錯誤ニ陥ッテ居ル」という。なぜならば、神武天皇の詔の文字は「掩八紘而為宇」であり、近年の造語である「八紘一宇」とは異なるからである。

答えに窮したのは、橋田《はしだ》邦彦《くにひこ》文部大臣である。橋田は「考エ直シ掛ッテ居リマス、是ハ余程事重大ナ問題デアリマス」と逃げている。

生田は、近衛首相の解釈する「八紘一宇」の意義にも噛みついた。政府答弁書にある「親和的ナル一体タラシメン」との一節をとらえて、「神意ヲ解釈スル言葉トシテハ妥当ヲ欠クモノデハアルマイカ」と詰め寄っている。

生田によれば、「我ガ肇国ノ大精神ハモットモット崇高ニシテ至大ナルモノデアッテ、太陽ノ光ノ如ク森羅万象皆悉《ことごと》ク其ノ恵ニ浴セシムベキ広大無辺ナル御威力デアル」という。ここにおいて生田は、神国=日本を宣言する。「大日本神国国体ノ指導原理ハ神ノ道ヲ履《ふ》ミ行ウコトデアル」。日本は、元来、神の国だったのではなく、神の国だったことが神武天皇の神話にまでさかのぼって、発見されたのだった[20]。

別の議会で、「八紘一宇」について質問を受けた首相は、ポケットから手帳を取り出して、「これは神武天皇御創業の精神であって、広大無辺の御仁慈を四海天が下に垂れ給うものである」と答えたという。首相ですら手帳をみなければ説明できないような理念であり、二六〇〇年前の昔にもどらなければならないような標語を掲げること自体が「賢明と言えなかった」[21]。本質を突く批評と言うべきである。日本は、「神」を出せば、「それ以上の議論は必要とされない超論理的な」国になっていた[22]。

「八紘一宇」と京都学派

「八紘一宇」をどう取り扱うかは、京都学派も困惑した。鈴木成高が率直に述べているように、「八紘一宇は未だ思想ではない。日本人には誰にでも漠然と具体的には解っていても、具体的に人から訊かれて説明する事は殆どの人が出来ない」からだった。[23]

京都学派からみると、「八紘一宇」には、原理的な矛盾があった。たとえば高山は、「新秩序建設」の原理が「単に新しいのみではなく日本に於ては昔からあったものとせねばならない」ことから、「八紘一宇」が持ち出された経緯に理解を示している。しかし、「八紘一宇」が「家」と同じ概念だとすれば、「支那にも泰《タイ》にも通用しない」という。しかも日本がこの「家」の指導国になるという意味ならば、「帝国主義と解釈される惧《おそ》れがある」と高山は指摘する。[24] 京都学派が帝国主義を超克する新秩序の原理を模索していたことは、すでにみたとおりである。

高山に限らず、京都学派は「家」の概念に否定的だった。田辺は日本主義者が共同体の原型を「家」に求める思想に疑問を抱き、「家の具体的構造を無視した非実証的なもの」と批判している。[25]

特殊日本的な「家」の概念を普遍化し、「八紘一宇」を新体制の原理とすることは、京都学派にとって受け入れがたいことだった。

さらに「八紘一宇」の概念が神話に求められたことも、新体制の思想的・哲学的原理を探求していた京都学派を当惑させた。京都学派にとって優先順位は、「哲学的な世界観を第一にたてる」ことにあった。「そこから神話的なものを解釈する」。このような立場からすると、神話を日本の歴史のなかで「証明する事が出来る」ならば、「日本の世界性が立証出来る事になる」[26]。

ところが神武天皇の神話を実証することは事実上、不可能だから、「八紘一宇」が「日本の世界性」を示すことにはつながらない。京都学派はこのことを示唆していた。

それでも彼らは、「八紘一宇」の原理の擁護に努めている。アジア諸国にも理解可能で、日本の帝国主義的な指導原理を否定する「八紘一宇」の解釈として、京都学派がたどり着いた結論は、「八紘一宇」の「万人万邦をして所を得しむる」を「社会、国家に止らず、もっと拡大して考」えるということだった。田辺は「宇宙迄拡大出来る」といっている[27]。

これでは当初の試みだった、「八紘一宇」の概念の「具体的内容を結実して行く」ことはできなかった[28]。「八紘一宇」は誰もが賛成した。しかし誰もその内容を説明することができなかった。誰も何もわからない「八紘一宇」が日本の新しい体制原理となった。

日本主義の衰退

以上にみたように、大政翼賛会成立前後に日本主義は興隆をきわめていた。ところがこの時期を頂点として、日本主義は急速に衰退していく。

衰退のもっとも大きな理由は、日本主義運動の政治目標がつぎつぎと実現し、そのためかえって目標喪失感に陥ったことである。

たとえば蓑田のグループの帝大粛正運動は、帝大教授が官憲に逮捕され、あるいは職を辞することで、成果を上げていた。目標がおおむね達成されれば、その運動は衰退していく以外にない。

また日米開戦も、目標喪失感をもたらした。日米開戦直後の国家主義団体の状況は、たとえばつぎのようだった。「米英に対する宣戦布告に依り対外運動の主要目標解決せられたる為運動方針の再検討を余儀なくせられ……予定の講演会を中止せるものもあり」[29]。

対米英戦争の決意を東条首相に求めていた国家主義団体は、実際に米英との戦争がはじまると、「『吾が事成れり』と歓喜する」[30]とともに、つぎの目標を掲げにくくなり、行動も拡散していった。

以後、日本主義は、急速に影響力を失っていく。東条首相も施政方針演説のなかで「徒ニ理想ヲ追ワズ、事態ニ即シテ」政治運営をおこなうと述べている[31]。東条はいかにも軍事官僚出身らしく、実務的な政治をめざした。東条に日本主義の「理想ヲ追」うことを求めるのは、困難だった。

それどころか東条は、警察権力を直接指揮して、国家主義団体の摘発に乗り出している[32]。行き過ぎた日本主義が政治に及ぼす悪影響を取り除こうとしたからである。

こうして空虚な「神の国」＝日本が成立した。

2　「神の国」のモラル

戦局の悪化

昭和一七（一九四二）年四月、下校途中の一人の中学生が、本郷方面から板橋方面へ低空飛行していく「真黒な巨大な飛行機」を目撃する。通行人の誰かが「敵機だ」と叫んだ。少年は「怪鳥が天翔ける感」を持った。[33] これがドゥーリットル中佐率いるB25陸軍双発爆撃機一六機による日本本土への初の空襲だった。

真珠湾攻撃の当日、高揚感と解放感に包まれた日本国内にあって、矢部貞治は日記に「ここにも何時敵の飛行機が空襲を試みるかも知れぬと思うと寧ろ戦慄的である」と記した。[34] このように先見性を持っていた矢部といえども、緒戦からわずか四ヵ月で、「戦慄」が現実のものになるとは思わなかったにちがいない。

戦局の悪化はあまりにも急激だった。さらに二ヵ月後のミッドウェー海戦で日本は敗北を喫する。アッツ島は玉砕した。真珠湾攻撃後、わずか一年半しか経っていなかった。

戦局が急迫するなかで、東条に日本主義の「理想ヲ追」う余裕はなかった。「事態ニ即シテ」、総動員体制を極限まで追い求める以外に東条に残された選択はなかった。

対米開戦とそれに先立つ三国同盟とによって、「橋を切って本丸に立て籠らん」とした日本[35]は、経済の対米依存から脱却し、自給自足圏を確立したはずだった。

ところが戦局の悪化によって、この自給自足圏のもろさがすぐに露呈する。南方を勢力下に収めながらも、「之等物資を戦争に役立つ製品に転化するが為には船腹に依る輸送を必要とする所なるが、作戦其の他の諸事情に原因し、幾多困難の随伴が予想」されたからである[36]。

ただちに国民の経済生活が逼迫する。昭和九年と一〇年の平均を一〇〇とした時、食料などの生活必需品の供給量指数は、昭和一七年八四、昭和一八年七七、昭和一九年六七と急激に低下している[37]。東条内閣がこのような「事態ニ即シテ」実行したのは、徹底的な戦時統制経済だった。

「モラルの焦土」――都市と農村

戦時中の食糧増産のために、政府は小作人に対するインセンティヴとして、小作料の段階的減免を実施した。地主に対する小作人の地位が相対的に向上する。

しかし、戦況の悪化に伴う食糧供出の圧力は、上昇感を享受する余裕を農民に与えなかった。農村では、離農者の増加、専業農家の減少、耕地返還、耕作の粗放化などが顕著になっていく。農民の不満は、都市の勤労者との格差に向かった。「産業戦士〔工場労働者〕には特配あるも百姓は保有米を削られる」。「都会の有閑連中の食糧も百姓が出さねばならぬ[38]」。

このような状況から当局も、「特に政府並に都会人に対する反感憎悪の念昂《たかぶ》り、自暴自棄的となりて百姓は馬鹿馬鹿しとの厭農観念を起さしめたるやに認めらる」と判断していた。[39] 戦争にもっとも協力的だった農民は、戦局の悪化につれて、都市への恨みの気持ちを強く抱くようになった。

他方で都市部においても、食糧不足は深刻だった。早くも昭和一七（一九四二）年三月の調査は、飯米不足を報告している。対米開戦後、余剰手持ち米の費消や代用食の激減、産地における闇取引、戦争に伴う不安心理が都市生活者の不平不満をもたらしていた。神奈川県のある工場の昭和一六（一九四一）年一一月の出勤率は九〇パーセントだったが、翌年二月には八四パーセントに下落している。食糧の買出しに出かけていたからだった。[40]

戦時下の国民経済生活は、統制の網の目で覆い尽くされていた。その網の目からこぼれ落ちるように、経済犯罪が発生し、その件数は年次を追って、増加していった。違反がもっとも多かった地域は都市部である。「物資を渇望する消費者、利慾に奔する悪徳業者及ブローカー等の存在」による巧妙な経済犯罪が起きていた。「ヤミなる語は三歳の幼児も之を知る」。このような「闇の普遍化は漸次一般民衆の最低生活線を脅かすに至り、為に一般の感情は次第に尖鋭化」していった。[41]

問題は、国民の経済生活の逼迫に止まらなかった。「闇」の「軍関係利用」が増加していること、また統制事務を担当する官公吏や統制団体の役職員、町内会長、隣組長など、本来は統制経済の指導的立場にある者の事犯が頻発していること、これらが昭和一七年度の特徴だった。[42]

率先垂範すべき軍人、官僚、社会の上層部、彼らこそが戦時体制下、公益を守らなければならなかったはずである。ところが実際には、私益の追求のためならば、彼らは犯罪も厭わない傾向が顕著になっていた。

「神の国」日本は、アメリカからの本格的な空襲を受ける前に、すでに「モラルの焦土」[43]と化していた。

東条への期待

戦時下の経済犯罪の激増が深刻な問題になっていたことは、衆議院の秘密会が取り上げていたことからもわかる。昭和一八（一九四三）年二月六日、作田高太郎《さくたこうたろう》議員は、「官吏ノ比較的高級ノ者ノ瀆職《とくしょく》事件」について質している。作田の見聞するところ、知事や警察署長の転任の際に事実上、贈収賄がおこなわれていること、「闇ノ公定価格」があること、こうした事例に言及しながら、厳罰処分を求めた。

これに対する岩村通世《いわむらみちよ》司法大臣の答弁は、及び腰だった。岩村は、刑事訴訟法の手続きを詳細に説明し、議会の秘密会といえども、予審中あるいは不起訴処分にした事案にふれることを控えたからである。説明するまでもないことを説明し、ふれなければならないことにふれない岩村の態度は、国家官僚の汚職に甘いとの印象を与えかねないものだった。[44]

以上のような国内状況を的確に分析していたのが、京都学派である。彼らは皆、「食糧問題より来る厭戦意識」の台頭を指摘していた。国民に「敗戦思想はなく戦意動揺。戦意はあっても崩すような事情あり」。これが「モラルの低下」だった。「モラルの低下」は、京都学派の知識人たちの見るところ、「享楽主義者の傾向」や「家族的利己主義」、「戦病死者の家族の虐待」に現れていた。[45]

京都学派は、以下のような対策を具体的に検討している。[46]

第一に、「官吏の真の責任自覚」を促し、「国民を強制的に圧する如きは努めて之を避け」ること。

第二に、「食糧の減少が国民全員に平等の負担たる事を意識せしむる事」。

第三に、「生活の窮乏に関しては、諸物価間の不均衡を調整し、税金、俸給、賃金等の適正を計」ること。

第四に、「漫然たる長期戦及抽象的精神主義の呼号」ではなく、「戦局の不安危惧」に関して、「論理的、即物的解説」をすること。

以上のほかに、より根本的な問題として、京都学派の知識人たちは、「政府の指導力薄弱」を忘れることなく、付け加えていた。[47]

戦時下日本の「モラルの低下」が戦争指導に及ぼす影響をもっともよく理解していたの

は、おそらく東条だったと思われる。憲兵隊司令官の経験を持つ東条は、首相就任後も民心把握に人一倍、努めていた。

東条の首相秘書官廣橋眞光《ひろはしただみつ》は、つぎのようなエピソードを記している。[48]

「吾嬬《あづま》署で飯米応急米の増配申請に来た者に対し或係官が『印をもって明日来い』と云う風にいたけだかに云った状況を目撃された時……民衆に接する警察官は特に親切を旨とすべしと云っていたが、何故それが未だ皆にわからぬのか、御上の御思召しはそんなものではない、親切にしなければならぬと諭された」。

「言問《こととい》署管内の米配給所で応急米をもらって婆さんが喜んで之で助かりますと礼を云っているのに、事務員は何とも云わない。此の情景を見られて総理は事務員に向って、君も婆さんに礼を言いなさいと注意をされた」。

硬直化した官僚組織をバイパスして、直接、民衆と結びつくことで、東条は戦時体制の解体を食い止めようとする。東条への国民の期待が高まった。東条も「大衆は自分の味方なり」と自負することができた。[49]「モラルの低下」を抑えることができるのは、東条一人になった。

しかし、その東条も、たとえば京都学派が示したような対策をとろうとはしなかった。戦時体制が国民にもたらす過酷な現実に直面した東条は、京都学派が否定した、「抽象的精神主義」を叫ぶようになる。

下方平準化——農村

農民の不満は爆発寸前だった。批判の矛先は「役人」に向かった。農民が出したくても出せない米を供出させるために、「役人」が「警察力を用いて片っ端から検挙して出させるとか第一線の将兵の労苦を思えとか云うておどして来る」のに対して、農民は決然として、「第一線で働いて居るのは我々の子弟であって我々の方が前線将兵の気持は良く知って居る。役人も今少し百姓の気持を知って仕事をして貰いたい」と反論した[50]。戦争にもっとも強く積極的に協力したのが出征兵士と農民であり、したがってまた兵士と農民がもっとも犠牲を強いられただけに、安全な場所からの「役人」の指図に反発した農民の声には、人を圧倒する説得力があった。

農民が不満を持ったのは、単に生活が苦しかったからだけではない。生活の苦しさが農民だけであることに、より強い不満を持っていた。「何故百姓丈が自分で作って居る米、麦に不自由せねばならないか。社会の総てが同様に苦しむなら良いが、現在のやり方は我々丈を虐《いじ》めるのであるから面白くない」[51]。

要するに農民は、社会の平準化を求めていた。たとえそれが下方への平準化であっても、社会は平等になるからだった。

農民の不満は、小作争議の頻発となって、顕在化する。昭和一八(一九四三)年三月の一ヵ月だけでも四二件あった。しかも注目すべきことに、解決した小作争議は、小作人に有利な条件だった。小作争議において、小作人の「要求は貫徹せられ居る実状」で、「過去の地主攻勢が主客を転じ小作人攻勢へと転化しつつあ」った。地主―小作人関係において、小作人の地位は確実に上昇していた。[52]

もとより農民が置かれた戦時下の社会環境は、極限的なものだった。しかし、それでも(あるいはそれゆえにこそ)農民は政治力を身につけるようになっていく。たしかに農民の生活は苦しく、なかには耕地返還を申し出る者もあった。主な理由は「労力不足の為止むなく」だった。他方で「功利打算的観念より斯る手段に出ずるが如きもの」もあった。[53]

農民が耕地返還を申し出たのは、農産物価格と他の物価との不均衡や農産物利潤と労賃との不均衡などへの不満から、小作料減免要求の手段としてである。あるいは「軍需工場及日雇労務者の高賃金に眩惑せられ、漸次専業農家を嫌忌して副業農家たらんとし、その余剰労力を現金収入多き方面に求めんとするもの」も多かった。[54]

小作農民だけではない。「社会的身分交際の程度低き下層民」こそ、小作農民以上に「工場出稼其他に収益多く、現在小作に依り自家用飯米確保し其の余暇を利用し出稼することが最も採算有利と見られ、之等下層民と雖も月収百円を下らず其の生活は中産的土地所有者に匹敵する状況」だった。小作農民のなかでも平準化が進んでいた。平準化は、「下層民」が「中産的土地所有者に匹敵」するほどだった。戦争は、「下層」農民の経済的地位の上昇をもたらした。[55]

農民とは対照的に、戦争前までは相対的に地位が上だったはずの地主や「中産階級」、「土地の顔役」たちの経済的・社会的地位の低下が著しくなった。彼らは戦時中といえども（あるいは戦時中だったからこそいっそう）、隣組や部落会などの「公共的事業に携」わっていた。しかしそのような作業は「暇倒れ」であり、さらに国からの「国債の割当消化、寄附村内交際等出資の増加」に加え、小作料の減免が直撃し、「相当苦しき実情」だった。[56]

農村における社会の平準化は、戦争によって、確実に進んでいた。

とくに地位の低下が目立ったのは、地主である。地主はこれまで小作料を徴収するばかりで、「時局に即応するが如き活動もなく」、「旧套を墨守」しているだけだった。しかし戦時下、これでは「勢い世人より反時局的存在なりとして忌憚せらるるは理の当然」という状況になっていた。そこで地主は、農業生産のインフラ整備や自作農創設事業などに協力するようになる。[57]

内務省警保局は、地主の努力にきびしい見方をしていた。「転落の浮目に遭遇し且自家保有米をも確保し得ざるの結果を招来するならんとの皮相の見解の下に」、「自己保身の一策を案出したに非らずや」と疑っている。[58] 地主の地位は相対的に低下した。小作農民の地位は相対的に上昇した。地主―小作関係は解体に向かった。

以上にみた農村の社会変容は、地主―小作人関係の平準化に止まらず、都市と農村の間の格差縮小をもたらすことになった。小作農民のある者は、都市へ流出し、工場労働者となった。別の者は、農業と都市への出稼ぎを両立させた。小作農民の意識の都市化が進む。ライフスタイルも変貌を遂げる。「農民は、従来の如き物第一の生活より漸次、貨幣中心主義の生活へと移行しつつあり」。このような「従来の如き物に対する愛着心薄らぎ、現金取得へ走る傾向」は、農民が農産物価格のいっそうの引き上げを要求するとともに、現金を求めて、農村から都市へ流出することを示していた[59]。戦争は農村社会に、ほとんど革命といってよい変容をもたらしていた。

下方平準化——都市

社会の平準化は、都市においても進んでいた。農村において、地主に対する小作農民の地位の相対的な上昇がみられたように、都市においては、資本家に対する労働者の地位が相対的に上昇していた。

労働者は叫ぶ。「新体制の押し売りはもう沢山だ。資本家は景気よく素晴らしく儲けて居るのに、我々労働者は其の日の生活に苦しんでいる。理窟は抜きにして此の点を是正してくれるなら新体制だとか、日本精神だとか、お題目を聞かせられなくとも一生懸命働いて見せる[60]」。彼にとって、「新体制」も「日本精神」も、「お題目」にすぎなかった。資本家と労働者の間の格差を拡大するような社会体制は、「新体制」ではない。格差を拡大する社会体制の理念が「日本精神」ならば、「日本精神」を持とうとする労働者はいなかった。内務省警保局は、このような言動が「漸次指導的意見、乃至は輿論的方向に移行しつつあるものと認める状況」と観察している。[61]

さらに実際の生活で困難に直面した都市の労働者たちは、批判の矛先を資本家以外にも向けていた。物価高や生活物資の不足は、闇取引と配給統制の不徹底が原因であると考える立場からすれば、「有産階級」は「物資の入手容易」なはずであると、非難の対象になった。[62]戦時下の経済社会の退廃が、都市の労働者、下層民を立ち上がらせつつあった。

労働者の不満は、国家も無視できなくなった。大日本産業報国会（昭和一五年に設立された官製労働組織）は、昭和一七（一九四二）年九月に「経営責任者陣頭指揮運動要綱」をまとめている。この文書は、資本家により重い責任を負わせようとしていた。「陣頭指揮者ハ当該工場事業場ノ社長、重役等ノ経営責任者トスルコト」。経営トップは豪華な重役室でふんぞり返っているのではなく、生産の現場で最底辺の労働者とともに、汗を流さなくてはならなくなった。その内容は具体的で、「努メテ勤労者ト寝食ヲ共ニシテ、以テ体験ニヨル現場実情ノ認識ヲ深ムルコト」となっている。[63]

他方で大日本産業報国会は、労働者保護の政策立法、「国民勤労法」制定の必要性を訴えている。

この法律案の内容は、第一に、給与制度だった。「従業者ヲシテ後顧ノ憂イナク……勤労に扶助料、年金、恩給、健康保険などへの配慮を求めている。

第二に、「勤労審判制度ノ確立」である。これは「国民勤労法」違反を審理する制度であり、「紛争議又ハ損害賠償等ノ解決、調停ヲモ一括処理セシムル」ことを目的としていた。

第三に、「教養訓練及厚生施設」である。「皇国勤労人ノ完成」のためには、「経営責任者ハ従業者ノ教養訓練並ニ厚生施設等物心両面ニ対シ配慮スベキ」との立場からだった。[64]

この法律案が労働者の「教養」を重視していたのは、「国民文化ノ発達ト技術、技能ノ向上トハ不離一体ニシテ、勤労者ノ国民的教育ハ生産ノ根基」だったからである。[65]

実際に大日本産業報国会は、労働者の「教養」教育のために、さまざまな文化運動を展開する。昭和一八（一九四三）年の一年間に、「劇団並ニ演劇隊」の派遣回数四五二、「特別劇団」のべ五三回のほかに、映画の巡回映写、「勤労者音楽大会」、絵画展の開催などを実施している。[66]

これらの施策の目的は、「産業報国」である。しかし、総動員体制下でありながら、単なる戦争協力に止まらず、労働者の経済的、社会的、文化的な地位の向上に、事実として、役立った。資本家と労働者の地位は、戦争をとおして、相対的に接近していく。

都市における平準化は、労働者と資本家の間だけではなく、男性労働者に対する女性労働者の相対的地位の向上をもたらしつつあった。「女子最高最低賃金＝現行最高初給賃金はあまりに低額に過ぎる。厚生施設その他に於て行届いた方法を講じ、安心して働かれる様にすることは、女子については特に必要であるが、之と併せて初給賃金の是正を図ることは喫緊の要事である」[67]。

このような要求を掲げることができたのは、男性労働者が出征兵士となっていなくなったあとの職場に女性が進出し、男性労働者と同等の労働成果を上げるためには、それにふさわしい待遇が必要になったからである。

待遇改善の要求は具体的だった。たとえば厚生施設として、「母子寮」、「哺育託児所」に始まり、「結髪室」、「洗面手洗所には鏡」と詳述している[68]。この背景には、「女子の特性の保持」の観点があった。女性を対等にみないイデオロギー性を隠すことはできないものの、これらの待遇改善の部分的な実施によって、労働者の職場環境において、男女間の平準化が一歩、進むことになる。

労働環境における平準化は、男女間だけでなく、女性間でも進展する。国家は女性労働者を女子挺身隊に組織した。女子挺身隊とは、労働力不足を補うための女性の勤労動員組織のことである。この女子挺身隊の出勤率が年々低下の傾向を示していた。この傾向は、「大都市の良家の子女」に顕著だった。女子挺身隊は、「一切の行懸りを一擲《いってき》」して「職場進出」をしなければならなかった。

ところが実際には出身階層によって、ちがいがあった。このちがいを平準化するために、国は女性に対しても国民徴用令の発動を考慮するようになる。[69] 戦争は、異なる階層の出身者であっても、女性は同じ女性として扱う政策を国家に要求していた。

3 戦争のなかの戦後

「社会主義」化

「いまの日本は共産主義と紙一重じゃ[70]」。

昭和一八(一九四三)年一月、一人の青年が食堂で食事をしていた。青年は、居合わせたモーニング服姿の紳士の一人がこのように語っているのを耳にした。日本社会のさまざまな分野における下方平準化は、同時代においては、「社会主義」化だった。社会的な下流階層の地位の上昇は、「社会主義」化を裏づけていた。「闇」経済が横行するなかで、「最も上りたるは工賃にて、大工、靴屋等々は驚くべきものなり。靴の如きは、昨年春頃百二、三十円なりしも、昨今は二百二三十円位なり」と一年で二倍近くになっている。[71] 別の記録によると、「大工、戦前一円六十銭のもの二十円となる」と一〇倍以上である。[72]

下流階層の地位の上昇は、平準化への暗い情念と結びついていた。「どこそこの内務部長の家が火事になったら木炭や砂糖がうんと出て反感を買った」。「山一証券の主人の屋敷にガソリンと砂糖がうんと買込んであったのでその燃えるのを見て人が消防に手をかさなかった」[73]。このような噂話が社会に広がっていた。

先の青年は実際に目撃している。東京・白金台の邸宅が焼夷弾によって燃え上がるのをみながら、町民たちが「『惜しいなあ!』/『助けたいものだがなあ』/と、口々に嘆声を発していた。しかし、みな腕をこまねいているだけで、どうやらこの富めるものの潰滅の光景に、どこか歓喜をおぼえている眼のかがやきでもあった」[74]。

平準化への期待は、社会の底辺だけで起きていたのではない。翼賛政治体制は、「社会主義」化を求めていた。

翼賛体制下の議会において、ある法案が審議されようとしていた。それは「農地国家管理法」案である。共同提案者のなかには、白鳥敏夫と橋本欣五郎《はしもときんごろう》の名前があった。陸軍急進派の将校としていくつかのクーデタ未遂事件に関与したことのある橋本は、国家主義団体を結成し、昭和一七(一九四二)年の翼賛選挙で当選していた。二人の有力者を含む提案であるだけに、政府は「取扱を慎重にすること」にした[75]。

この法案をめぐる翼政会議案審査会で、つぎのような質疑応答が交わされた。問い「此の法律が出ると同時に小作地は強制収用となるのか」。答え「然り」。別の問い「要するに現に問題となって居るのは全面的権力発動に依る農地改革の思想と見てよいのか」。答え「全面的改革の思想とのみ見ることは無理である。国家的立場より見て不合理なる土地制度の改革には国家の権力を発動すべしとなすものである」。

さらに提案者側は支持を求めて、つぎつぎと発言に立った。橋本はこの法案の「必要を痛感して居る」と述べ、右翼・国家主義者の赤尾敏《あかおびん》も「上程にならない様な場合は相当な覚悟を持って居るから承知され度い」と半ば脅している。[76]

「農地国家管理法」案が農地の国有化を目的としていたことは、明らかである。農地の国有化が「社会主義」化でなくて何であろうか。社会の上流階層が「社会主義」化に危機感を抱いたのは、十分な根拠があったというべきである。しかも白鳥や橋本といった「革新派」、イデオロギー的には国家主義者たちが「社会主義」化を推し進めようとしていた。

「ああ、日本をこの危機に陥らしめたるもの」

国内体制の「革新」、「社会主義」化は、下流階層から強い支持を得ていた東条の政治指導の下で進んでいた。日本は、陸軍統制派出身の東条によって、「社会主義」国になりつつあるかにみえた。日本は本当に「社会主義」に向かっていたのだろうか。

ここでは先の青年の分析を読んでみたい。[77]

「社会主義と日本の民衆との関係についていうならば、日本の民衆の中、八割までは確かに、真に社会主義なるものについて知らない。五割までは完全に無知であるといえよう」。この数字から日本の民衆は、社会主義に対して「さほどの憎悪も覚えてはいない。しかし、国体観念は強烈にふきこまれているから、これを日本に採用することは、例え〔ママ〕為政者が許し

山田風太郎（右中央）

ても、恐らく不可能であろう」。

　戦時中の粗末なノートに、当時二一歳の工場勤務の青年がこれほどまでに透徹した分析をしていたことに驚かざるを得ない。青年の名は山田誠也。のちに「山田風太郎」のペンネームで、独創的な伝奇小説を量産し、爆発的なブームを巻き起こすことになる。山田の卓越した分析能力は、読む者を圧倒する。彼は分析をつづける。「自分としては共産主義に好感を持つわけではない。しかし、金持には反抗を感じる。……何にせよ、共産主義に憧憬を感じるほど積極的なものを覚えない。これも今までの教育の潜在的な結果かも知れぬ[78]」。自己を突き放し、相対化するところから正確で客観的な見通しが生まれる。この青年の見立てからすれば、日本の「社会主義」化は杞憂に終わるだろう。しかし体制の変動は、避けがたく進行していた。

　それでは東条の下での体制変動は、どのような理念やイデオロギーによって引き起こされつつあったのか。日本主義や日本精神は、体制変動を引き起こすイデオロギーとしては無力だった。

　総力戦体制の最前線では、たとえば学徒動員の場合のように、過酷な現実があった。過酷な現実とは以下のとおりである。「勤労の永続性を考慮せず猪突猛進する結果極度の疲労を齎《もた》らすこと」。「一時的の感激が反動的に倦怠又は職場嫌悪を齎らすやに思わるること」。男子は「能率保健等の見地」からすれば、八時間三交替制が望ましかった。しかし実際には一二時間二交替制である。[79] この過酷な現実を精神主義で乗りこえることは、不可能だった。

単に無力なだけでなく、日本主義や日本精神こそ、日本を危機に陥れたのだ、と山田青年は告発する。「ああ、日本をこの危機に陥らしめたるもの。みそぎや、神風や、かかる荒唐無稽なるものを以てすべてに勝れりとなす固陋卑怯の政治家、職業的精神主義者、神がかり的狂信者どもなり」[80]。この青年は、ある日、突然、人ごみのなかで、「日本は神国でありま す。……神の国であります」と叫ぶ大声を耳にする。言語は明瞭だったが、「狂人」が叫んでいたのだった。[81] 山田青年にとって、日本を「神の国」などと呼ぶのは、「狂人」のしわざでしかなかった。

山田青年の告発で注目すべきは、直接の非難の対象から軍部が取り除かれていることである。この点は、戦時下の社会状況に関するつぎの世論調査の結果と符合する。「軍は工員に信用されているが、政府と官吏に対しては、漏れなく憎しみを抱いている」[82]。官製の日本主義精神運動は、国民の統合につながらなかった。統合の中心は依然として軍部だった。短命を予想された東条内閣は、実際には国民が支持しつづけていく。

それでもなぜ戦争を支持しつづけたのか？

日本は、体制を方向づける、どのような理念も持たない無思想の国となった。日本主義は空虚な政治的スローガンに堕していた。「神の国」でありながら、人心は荒廃し、モラルも低下した。

大政翼賛会の成立に日本の「社会主義」化の可能性を賭けた尾崎秀実は、日米開戦の直前に、ソ連のスパイの容疑で逮捕され、死刑判決を受ける。

それでも尾崎は、国内「革新」をあきらめなかった。尾崎は、上告中に上申書を作成している。その内容が死刑を免れるための「偽装転向」だったか否かは、ここでの関心の外にある。関心が向かうのは、「なぜ尾崎は戦争を支持しつづけたか」である。尾崎は長期戦を継続していくために、「国民の元気を萎縮せしめてはならない」と述べて、国民生活を明るくするために、たとえば「南方物資を現実に国民の台所に送ること」を提言している。なぜならば、「政治的関心を進んで昂め、しかも単に黙って働かすというのみに止まらず、積極的な政治参与の道を開くことをこの際から考慮すべき」だからだった[83]。

尾崎のみるところ、社会の平準化は確実に進んでいた。「政府は現に社長の徴用制までは進みました」。あとは「資本と企業（経営）の分離に進み、又取締役の国家的任命に及ぶ」ことになれば、資本の国有化＝「社会主義」化が完成する[84]。

尾崎は獄中にあっても「憂国の信念」に変わりはなく、「民族主義者ないし愛国主義者」

の立場を貫いた。[85]

あきらめていなかったのは、矢部貞治も同じである。翼賛体制下の政治が思うように進まないなかで、矢部がもっとも憂慮したのは、「重大な決戦の段階に来ているのに国内は一向決戦体制になっていない」ことだった。国内新体制の確立後、国際新体制の確立をめざすことに失敗した矢部は、まず軍事的な既成事実を作り、ついで国際新体制の確立を図る、その後に国内新体制を再確立する、と方針を転換していく。このシナリオの実現のためには、「決戦の山を目あてに極度の重点主義を実行する」ことが必要だった。[86]

矢部は海軍の高木に向かって、「決戦と切離した国内態勢刷新は無意味ではないか」と詰め寄る。しかし高木は、「不断に手を打って何一つ成功しなかったので、非常に消極的」だった。[87] 理念よりも軍事的な既成事実を優先させた矢部は、海軍以上に積極的に決戦を求めて、戦争を支持しつづけていく。

「自分も戦争にゆきたくなった」

無思想に陥った日本が戦争をつづけることを支持したのは、同時代でもっとも理知的だったはずの山田青年ですら同様だった。「アッツ島守備隊全滅す。吹雪氷濤の中にアッツ島二千の神兵ことごとく戦死す。／自分も戦争にゆきたくなった」。[88]

なぜ「自分も戦争にゆきたくなった」のか。山田青年の気持ちは、日中戦争の勃発直後に、古川ロッパの盟友、中野実に召集令状が届いた時の二人の気持ちと通底するものがあった。二人はもともと「非戦論」の立場だが、こうなれば銃を持って戦う、そういった庶民感情があると、心情を打ち明けていた。

戦況が悪化すればするほど、山田青年の決意は固くなっていく。サイパン戦の悲惨な状況に接して、青年は復讐を誓う。「米軍の近づくを見つつ、皇居遥拝ののち巌頭より海へ身を投げる少年、嬰児ののどをみずからかき切る父、手をとり合って蒼い波の中へ沈んでゆく女性たち、ウォーミングアップのごとくお互いに手榴弾を投げ合って、嬉々として死んでゆく学童たち。――悲愴言語に絶す。この人々よ、霊あらばきけ、必ずこの仇は討って見せる」[89]。

この青年の激情を「ナショナリズム」と表現するのは、客観的にすぎる。そうかといって、「民族主義」でもない。ましてや「日本主義」では断じてない。ここにあるのは、同胞愛、それも理屈抜きの原初的な同胞愛と呼ぶべきものである。この感情は、戦争をとおして、いっそう強靭なものとなっていく。

東条内閣の退陣

戦局は急速かつ大規模に悪化した。戦局の悪化が国民に敗戦を予感させる大きなきっかけとなったのは、昭和一八（一九四三）年五月のアッツ島玉砕と山本《やまもと》五十六《いそろく》連合艦隊司令長官の戦死だった。

古川ロッパは、六月三日の日記に「アッツ島全滅以後の人心というものは全く、もういかんものになっている」と記している。[90] その二日後、山本長官の国葬がおこなわれた。ラジオでその模様を聞いた古川は、「涙さしぐむを覚」えるとともに、「国民皆玉砕だ」と覚悟した。[91] 真珠湾奇襲攻撃を成功に導いた連合艦隊司令長官山本五十六は、国民的英雄となっていた。その山本の戦死は、国民にとって、戦争のゆくえを暗示する衝撃的な事件だった。アッツ島玉砕と山本の戦死によって、国民は本土玉砕を覚悟する以外になくなった。

山本五十六国葬時の東条首相（毎日新聞社）

他方で戦局の悪化は、国民の経済生活全般の窮乏を破滅的なまでにもたらしていた。下流階層の相対的な地位上昇は、下方平準化が限界に達したことによって、実感できなくなっていた。たとえ農民の小作料が減免され、労働者の賃金が上がったとしても、戦争に伴うハイパー・インフレによって、それをはるかに上回る物価上昇に見舞われてしまえば、結局のところ客観的な地位は低下するからである。

このような国民経済生活の状況を、あの鋭敏な観察力を持つ山田青年は、「国民はみずからその首をしめ、みずからその頰を打つ」と巧みに表現している。「運送人夫は半時間のリヤカーに三十円をとる。運ばれたる砂糖一貫目は千円にて売らる。買いたる人はさらにこの砂糖を以て暴利をむさぼらんとす。途方もなき値で肥料を求めたる百姓は途方もなき値にて米を売る。ばかばかしき闇値で材料を仕入れたる工場は、ばかばかしき闇値で製品を売る。かくて物価は鰻上りに上り、貨幣価値は腹下りに下る。みずからあえぎ、みずからもだえつつ、国民はみずから如何ともする能わず[92]」。下方平準化の徹底は、もはや下流階層の解放感をもたらすことがなかった。国民全体が最底辺の経済生活に突き落とされた。

極限状況のなかで、国民はそれまで支持していた軍部と東条を見放すようになる。「ビー、特別に許された警笛をならして高級車がゆく。決って前に星がひとつついた陸軍省だ[93]」。軍部はもはや自分たちの側にいない。軍部は上層の特権階級となった。民心は軍部から離反していった。

批判の対象は、東条にまで及ぶ。国民のささやきが、流言蜚語となって広まっていく。「東条大将が新築の家とか別荘とかを建てたりという風評[94]」。「東条は七十万円の別荘を建てたり。小《こ》磯《いそ》〔国昭《くにあき》陸軍大将〕は南京より支那料理を飛行機にてとりよせて喫すと[95]」。東条たちは、下流階層とともに、戦争を戦っていたのではなかった。彼らは呪詛すべき上流階層の側で、戦時下にありながら、特権を享受していた。民衆は、自分たちの希望を最後までつないでいた東条や軍部を見限っていく。

東条への批判は、上層の政治エリート、なかでも旧体制勢力のなかからも顕在化しつつあった。旧既成政党の出身者、国際協調外交を支えた外交官、経済的自由主義を主導した財界人などが構成する一九二〇年代の体制勢力だった旧体制勢力は、東条内閣の下で国内の「社会主義」化が進むなかで、敗戦に伴う「革命」を恐れていた。旧体制勢力は反東条連合を結成する。

他方で東条は、憲兵組織の情報網を縦横無尽に駆使して、不穏な動きを細かくチェックしていた。これではクーデタによる東条内閣の転覆は困難である。政権交代は、東条の自発的な退陣以外に実現の可能性がなかった。そこで反東条連合の側は、東条支持から東条批判へと転換しつつあった国民世論を援用し、退陣に追い込もうと試みる。

東条打倒に立ち上がった旧体制勢力の一人に岡田啓介がいる。海軍軍縮条約を支持した海軍「穏健派」の岡田は、首相在任中に勃発した昭和一一（一九三六）年の二・二六事件で危うく難を逃れている。その後、岡田は、重臣として対米開戦に反対した。開戦後は終戦をめざして、政治エリート層のなかで、画策する。岡田がアプローチしたのは、天皇の意向に直接、影響を及ぼすことができる立場にある木戸幸一《きどこういち》内大臣である。木戸の反応はつぎのとおりだった。「もし世論が、東条内閣に反対だということになったら、そのときは陛下におとりつぎする。自分はあくまでも東条内閣を支持するつもりはない」。国民世論次第というのが木戸の答えだった。

翼賛議会でも東条批判が強くなっていた。「議会へ東条が登壇すれば、拍手で迎えていたものだが、こんどは東条が重々しく現われても、手ひとつ鳴らないということになった」。

このような国内の動向は、木戸を動かした。近衛文麿が木戸に「最近御上も、東条に人心離れたる由、御承知遊ばされたる様なり」と話すと、木戸は「夫れは自分が申し上げるからだろう」と応じている。木戸は策略をめぐらす。木戸は東条打倒の意思を固めた。国内社会の反東条の気運を追い風として、木戸は策略をめぐらす。内閣改造で乗り切ろうとする東条に対して、木戸らと気脈を通じていた閣僚が辞任に応じなかったため、東条内閣は閣内不一致に追い込まれ、退陣を余儀なくされた。昭和一九（一九四四）年七月のことだった[96]。

東条内閣の退陣をきっかけとして、一九二〇年代の旧体制勢力と国民とは、戦時下の対立から戦後の接近へと転換していくことになる。

転生

東条内閣の退陣後しばらくして、国民はもう一つの重要な出来事を知る。前年の一一月、大東亜会議が開催された。この会議には中国南京政府の汪兆銘も出席していた。汪兆銘の姿は、その後、日本国民の前から消える。つぎに消息を知ったのは、一年後の昭和一九（一九四四）年一一月だった。汪兆銘は、いつの間にか来日しており、病を得て入院先で亡くなった。訃報に接した日本国民は、以後、汪兆銘の後継は誰か、などと論じる者がいなくなった。戦争を奇貨として、日中提携を図る。日中提携をとおして国内に新体制を確立する。この夢は、自国の生存すら危うくなった極限状況のなかで、潰《つい》え去った。

それでもアジアとの連帯を考えつづけた人たちがいた。山田青年もその一人である。彼は、昭和一九年五月の段階でも、「アジアにいながら、われわれの出会うアジア人は悉く貧困の極をつくしているのは日本の恥辱である。それを救うのは日本の義務であり責任でなければならない」と記すことを忘れなかった[97]。

この決意は、無名の一青年だけのものではなかった。戦争に向き合い、新体制を模索していた人びとも共有していた。アジア的後進性の克服は、戦後日本の主要な国家目標となっていく。

国民は、絶望的な状況のなかにあっても、なお希望を捨てることなく、生き延びようとしていた。昭和二〇（一九四五）年三月一〇日の東京大空襲から半日後、山田青年は、一人の女が「『ねえ……また、きっといいこともあるよ。……』／と、呟《つぶや》いたのが聞えた。／自分の心をその一瞬、電流のようなものが流れ過ぎた。／数十年の生活を一夜に失った女ではあるまいか。子供でさえ炎に落して来た女ではあるまいか。あの地獄のような阿鼻叫喚を十二時間前に聞いた女ではあるまいか。／それでも彼女は生きている。また、きっと、いいことがあると、もう信じようとしている。人間は生きてゆく。命の絶えるまで、望みの灯を見つめている[98]」。何もかもなくなった焼け跡にも、希望の芽は残っていた。

山田青年はこの希望をだれに託すのか。「自分たちは神の国の子でも、悪魔の国の子でもない。日本の子である。アメリカ人がアメリカの国民であるように、日本の国民である。自分はその宿命に甘んずる」[99]。日本の希望は、「神の国の子」ではなく、「日本の国民」に託された。ここにおいて「日本国民」は、普遍性を獲得し、荒廃した国土から、未来へ向かって、立ち上がっていく。

注

1. 大橋良介『京都学派と日本海軍』（ＰＨＰ新書、二〇〇一年）三五頁。
2. 同前書、一七七頁。
3. 同前書、一七八頁。
4. 同前書、一八九頁。
5. 同前書、一八〇頁。
6. 同前書、一八一頁。
7. 同前書、一八五～一八六頁。
8. 同前書、三一二頁。
9. この朝鮮人衆議院議員朴春琴について、詳しくは、小熊英二『〈日本人〉の境界』（新曜社、一九九八年）第一四章を参照。
10. 大橋、前掲書、一九五頁。
11. 同前書、二五二～二五三頁。

12. 同前書、二六五〜二六六頁。
13. 同前書、二五〇頁。
14. 同前書、二七四頁。
15. 蓑田胸喜の思想と行動をテーマとする最新の研究として、竹内洋・佐藤卓己編『日本主義的教養の時代』（柏書房、二〇〇六年）がある。
16. 「支那事変ニ関連シ文化工作ニ付テノ各方面ノ意見」（昭和一二年一〇月）四〜五頁、外務省記録（外務省外交史料館所蔵）「参考資料関係雑件／北支那文化工作に関する意見」。
17. 前田義雄『どこまで行くか日支事変―白鳥公使の戦局観―』（東京朝野新聞出版部、一九三七年）一四頁。
18. 竹内・佐藤編、前掲書、一八四頁。
19. 衆議院事務局編『帝国議会衆議院秘密会議事速記録集（一）』（大蔵省印刷局、一九九六年）四七七頁。
20. 以上の質疑応答は、同前書、四七五〜四八一頁から再構成して引用した。
21. 中村稔『私の昭和史』（青土社、二〇〇四年）一三八頁。
22. 同前書、一三九頁。
23. 大橋、前掲書、二六九〜二七〇頁。
24. 同前書、二六九頁。
25. 同前書、二二七〜二二八頁。
26. 同前書、二七二頁。
27. 同前書、二七六頁。
28. 同前書、二六八頁。
29. 内務省警保局保安課『特高月報』（昭和一六年一二月）四四頁。

30. 同右、四五頁。
31. 古川隆久「戦時議会と戦後議会」(『岩波講座　アジア・太平洋戦争2』岩波書店、二〇〇五年) 四三頁。
32. 竹内・佐藤編、前掲書、一九二頁。
33. 中村、前掲書、二〇一頁。
34. 矢部貞治『矢部貞治日記　銀杏の巻』(読売新聞社、一九七四年) 四八一頁。
35. 井上寿一「国際協調・地域主義・新秩序」(安田浩ほか編『シリーズ日本近現代史　3』岩波書店、一九九三年) 二九七頁。
36. 内務省警保局保安課、前掲書 (昭和一八年一月) 四五頁。
37. 中村隆英『昭和史　I』(東洋経済新報社、一九九三年) 三五七頁。
38. 内務省警保局保安課、前掲書 (昭和一八年二月) 六一頁。
39. 同右 (昭和一八年三月) 六〇頁。
40. 赤澤史朗・北河賢三・由井正臣編『資料日本現代史　13』(大月書店、一九八五年) 八七、九一頁。
41. 同前書、一〇七頁。
42. 同前書、一〇八頁。
43. 小熊英二『〈民主〉と〈愛国〉』(新曜社、二〇〇二年) 第一章。
44. 衆議院事務局編『帝国議会衆議院秘密会議事速記録集 (二)』(大蔵省印刷局、一九九六年) 六四七、六五三頁。
45. 大橋、前掲書、三二一、三二三頁。
46. 同前書、三一六～三一七頁。
47. 同前書、三二一頁。

48. 伊藤隆・廣橋眞光・片島紀男編『東條内閣総理大臣機密記録』（東京大学出版会、一九九〇年）四八五頁。
49. 雨宮昭一『戦時戦後体制論』（岩波書店、一九九七年）一五頁。
50. 内務省警保局保安課、前掲書（昭和一八年三月）六二頁。
51. 同右（昭和一八年六月）九三頁。
52. 同右（昭和一八年三月）六三頁。
53. 同右（昭和一八年五月）六〇頁。
54. 同右、同頁。
55. 同右（昭和一八年一月）六〇頁。
56. 同右、同頁。
57. 同右（昭和一八年四月）八一～八二頁。
58. 同右、八二頁。
59. 同右、七三頁。
60. 同右（昭和一八年二月）三七頁。
61. 同右、三八頁。
62. 同右、四〇頁。
63. 神田文人編『資料日本現代史　7』（大月書店、一九八一年）三六四頁。
64. 同前書、四〇一頁。
65. 同前書、四〇七頁。
66. 同前書、四六三～四六四頁。
67. 同前書、四三五頁。

68. 同前書、四三五〜四三六頁。
69. 同前書、四九八〜四九九頁。
70. 山田風太郎『戦中派虫けら日記』(ちくま文庫、一九九八年)七九頁。
71. 細川護貞『細川日記　上』(中公文庫、一九七九年)一三九頁。
72. 大佛次郎『大佛次郎　敗戦日記』(草思社、一九九五年)三三頁。
73. 同前書、一五頁。
74. 山田風太郎『戦中派不戦日記』(講談社文庫、二〇〇二年)二五三頁。
75. 内務省警保局保安課、前掲書(昭和一八年一月)五三頁。
76. 同右(昭和一八年二月)五四〜五六頁。
77. 山田、前掲『戦中派虫けら日記』七九頁。
78. 同前書、八〇頁。
79. 神田編、前掲書、四九六〜四九七頁。
80. 山田、前掲『戦中派不戦日記』八四〜八五頁。
81. 山田、前掲『戦中派虫けら日記』一三二頁。
82. 大佛、前掲書、一二三頁。
83. 小尾俊人編『現代史資料　2』(みすず書房、一九六二年)六二〜六三頁。
84. 同前書、七四〜七五頁。
85. 中村稔、前掲書、一九三頁。
86. 矢部、前掲書、五六九頁。
87. 同前書、七〇七頁。
88. 山田、前掲『戦中派虫けら日記』二一三頁。

89. 同前書、四四九頁。
90. 古川ロッパ『古川ロッパ昭和日記・戦中篇』（晶文社、一九八七年）四二〇頁。
91. 同前書、四二一頁。
92. 山田、前掲『戦中派不戦日記』八七頁。
93. 中井英夫『中井英夫戦中日記』（河出書房新社、二〇〇五年）一三頁。
94. 山田、前掲『戦中派虫けら日記』四八三頁。
95. 山田、前掲『戦中派不戦日記』一五七頁。
96. 以上の東条内閣退陣の過程は、升味準之輔『日本政党史論　第7巻』（東京大学出版会、一九八〇年）三七四、三七七、三九六頁の記述から再構成したものである。
97. 山田、前掲『戦中派虫けら日記』三四八頁。
98. 山田、前掲『戦中派不戦日記』一一一頁。
99. 山田、前掲『戦中派虫けら日記』三九六～三九七頁。

エピローグ

一九二〇年代への回帰

東条に見切りをつけて、代わりに国民が期待するようになったのは、近衛文麿の再登場である。戦争末期に国民は、東条に対する批判を強める一方で、近衛を支持して、「東条勝子夫人の出しゃばりに対するに、近衛公の奥さんのひそやかさへの好感」を抱くようになっていた。[1]東条が〈自由主義〉の側にいると知った国民は、戦後における〈全体主義〉の復興を近衛に託すようになる。

敗戦後、国民の間に、近衛待望論が高まっていく。戦後の最初の内閣に、副総理格で入閣した近衛は、何度目かの新党構想を練りながら、連合国軍最高司令官マッカーサーの督励を受けて、憲法改正に着手する。マッカーサーは、近衛の出自を知ったうえで、それでも近衛が憲法改正をおこなうように促した。

ところがその近衛に戦犯容疑の逮捕令が出る。近衛は逮捕前に自殺した。代わりに首相となったのは、幣原喜重郎《しではらきじゅうろう》である。戦時中、生死すら不明だった幣原の登場は、戦後の日本が一九二〇年代に回帰することを象徴していた。二大政党制の下、憲政会・民政党内閣で二度、外相を務めた幣原は、国際協調外交の代名詞だった。戦後デモクラシーは、「大正デモクラシー」の復活として出発する。

一九二〇年代の〈自由主義〉は、すでに敗戦直前から国民の社会生活においても復活しつつあった。作家の高見順《たかみじゅん》は、昭和二〇年一月の銀座の様子をつぎのように描いている。「銀座はもはや昔の銀座ではない。昔日の銀座の魅力といったものを具体的に構成していたものは、もはや何もない。残っているのは単に道路だけだ。汚い、うすよごれた道路だけだ」[2]。かつて戦争景気に沸き、退廃した消費社会のシンボルとして兵士たちが非難した銀座は、空襲によって、残骸となっていた。

それでも高見は記している。「しかもなお若い男女が銀座を慕ってやってきている。……銀座は滅びないと思われた」。瓦礫《がれき》ばかりの町並みで、わずかに営業している喫茶店に若い男女が集まり、「物置のような汚いところで、ほんの僅かの時間に、こうして青春を楽しんでいる彼等」がいた。「半年前は、こうした風景は見られなかった」[3]。誰もが敗戦の予感を共有するようになって、かえって人びとは経済的自由主義、政治的個人主義をめざすようになった。

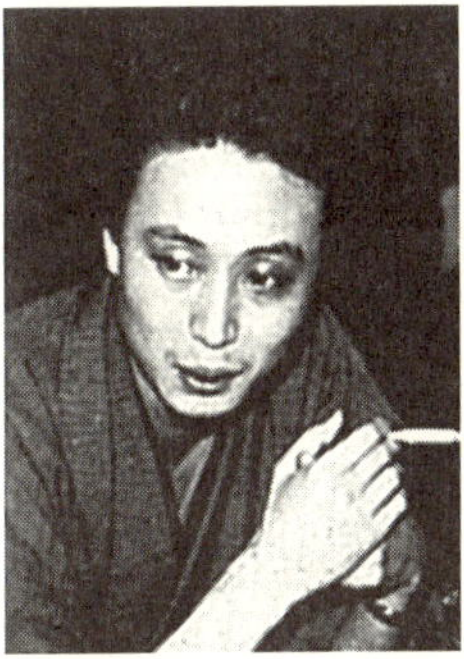
高見順

引き継がれた夢

〈自由主義〉の復活は、一九二〇年代の体制への単純な回帰ではなかった。戦争による社会変動を経由した後の〈自由主義〉の復活だった。

たとえば尾崎秀実が新体制に賭けた夢は、失われたのではなく、形を変えて意外な人たちが戦後に引き継いでいった。意外な人物とは、尾崎に死刑を宣告した裁判官たちである。尾崎は、逮捕後、予審判事の中村光三の事情聴取に「意気高く……明快そして雄弁に答弁」した。中村は「尾崎の該博な知識、的確な判断力」に「驚異を覚え」、「明快な雄弁、高邁な理想主義にかなりに魅了された」。中村の長男で弁護士の中村稔は、「尾崎のその信じる思想に対する誠実さも亡父に感銘を与えたのではあるまいか」と想像している。中村は、この事件を担当した功績によって、異例の栄転を遂げる。司法制度の権力の階段を上り詰める人物の内面には、尾崎への共感があった。[4]

もう一人の裁判官、高田正に対しても、尾崎は感銘を与えている。死刑判決を言い渡した後、高田は「内輪の席で、尾崎は立派な人物であり、理想をもっているだけでなく、模範的な愛国者だ」と述べたという。[5]尾崎のナショナリズムは、イデオロギーの違いを超えて、戦後日本社会において受容されていく。

昭和研究会系の知識人たちの理想も同様だった。蠟山政道は、翼賛体制下、衆議院議員となった。戦後は大学の学長を務めながら、民社党のブレーンとして、彼が戦時中に描いた構

終戦当時の銀座４丁目（毎日新聞社）

想の実現をめざした。蠟山が戦後の論壇において展開した「近代化」論は、戦時中の「東亜協同体」論を発展させたものである。[6]

矢部貞治は、戦争に翻弄された自身を省みて、「戦争や社会動乱の最中に本を書くべからず」、「言論不自由の時代に強いて主張をすべからず」と誓いを立てて、昭和二〇年一二月、東大の職を辞する。[7] ところがその直後に近衛が自殺した。「こうなればあくまでやる」[8]。矢部は、近衛に託した理想を戦後において自ら追求することを決意した。矢部は自民党に接近することで、戦後保守政治に知的影響を及ぼすようになる。

自民党に接近したのは、矢部だけではなかった。京都学派の知識人たちも同様である。戦後の保守勢力は、戦前との連続において新たな理想を掲げ、政治的保守主義の立場を明らかにする必要があった。京都学派の議論は、戦後保守勢力にとって、魅力的だったにちがいない。

戦後のいわゆる進歩派知識人たちは、京都学派を知識人の戦争協力の典型として、激しく批判した。そうした知識人の一人に、マルクス主義哲学者の廣松渉《ひろまつわたる》がいる。廣松が最晩年に展開した議論は、意外にも戦時中の京都学派の「近代の超克」論と同じ方向性を持つものだった。[9] 一九九〇年代以降、アメリカ主導の自由主義の限界が明らかになっている。その限界を乗りこえる思想《アイデア》は、戦時中の京都学派の議論のなかにある。私たちは今こそ、京都学派に学ばなくてはならない。

敗戦によって以前に戻ったのは、古川ロッパと中野実の関係もそうだった。敗戦の翌月、早くもロッパの舞台は、昔のように「客の活気頗《すこぶ》るよし」と盛況だった。ただ一つだけちがうところがあった。観客にアメリカ兵がいたことである。[10]

ロッパのみるところ、中野は「戦争中の神がかりも落ちて、大分面喰ってる有様」だった。[11] ほどなくしてロッパは中野を「まだ戦中の気分抜けず、ちと堅くて困るが、段々もとへ戻りつつある如し」と評するようになる。[12]

数年後、二人は銀座の表通りで偶然、出会う機会があった。銀座の復興は、急ピッチで進んでいた。中野はロッパを誘い、銀座の店を何軒かはしごする。「彼、一枚二千円位の稿料をとるらしい、大した景気。連載九つありと言う」[13]。その翌年、中野は自宅を新築する。さまざまなウイスキー、サラダ、チーズで祝い、招かれた雑誌記者に福引をさせて、一等くじを引いた雑誌の原稿を書くまでに多忙な売れっ子作家・脚本家になっていた。中野はロッパを誘って、銀座へ繰り出す。[14] 二人は昔に、経済的自由主義と政治的個人主義の時代に、戻っていった。

戦時中に起きていた社会の地殻変動は、占領を経て、日本の「革命」をもたらした。すでに地主に対して相対的な地位の向上を得ていた農民は、戦後の農地改革によって、「持たざる者」から「持てる者」へと立場を逆転させる。「持てる者」は保守化する。農地改革によって解放された農民は、土地の所有権を獲得した。既得権を持つ農民は、それを守るために保守政党の支持者となる。農民が戦後の保守一党優位体制の基盤を支えることになった。

労働者も同様に、戦後の労働改革によって、戦時下の相対的な地位の向上を決定的なものとした。大企業労働者は「労働貴族」と称されるまでになる。戦後の労資協調路線は、高度経済成長の前提条件の一つだった。

女性たちも、参政権を得て、制度上も地位の向上を確実なものとした。女性の社会進出が後戻りすることはなかった。戦前の家父長制、家族制度はあっけなく崩壊した。

以上のように戦後の日本社会は、戦争を経由して、戦前との連続において、再出発した。

こうしてふたたび私たちは、戦時下の日本へのタイムスリップから戻ってきた。ここであらためて、日中戦争の直接の当事者ではない私たちの戦争責任について、考えをまとめておきたい。

日中戦争に対する私たちの政治的責任、社会的責任とは、この戦争の歴史的教訓を生かして、これからの日本の政策構想を具体化することである。

この観点から、第一に、私たちが果たすべき日中戦争の戦争責任とは、アジア的後進性の克服である。当時の兵士たちが中国の戦場で見出した、日中に共通する経済的貧困は、すでに克服されたのかもしれない。

しかし、日中両国が連帯してアジアの、ひいては非西欧世界の経済発展をめざすという目標は、いまだ達成することができないでいる。中国は、不均衡な経済成長が国内にもたらす歪《ひず》みに直面している。世界経済のなかで相対的に地位を低下させた日本は、途上国に対する「援助疲れ」が色濃い。

さらにアジア的後進性を経済のレベルに止めることなく、普遍的な価値である人権や民主主義のレベルの後進性をも克服するということであれば、この課題の達成が急務であることは明らかである。

第二は、近隣諸国のナショナリズムへの共感である。私たちは、前線の兵士たちのなかに、中国の抗日を敵視するのではなく、なぜ中国は抗日へと向かったのかを内省する声があったことを知っている。固有の歴史、伝統、文化に裏付けられた中国の国民性を尊重する兵士たちの他者理解の深まりは、一方では自国批判に及び、他方では新しい共通の文化を日中提携によって創造する志向を生み出した。兵士たちだけではない。戦争によってはじめて中国と向き合うことになった日本国民は、さまざまな形で、程度の差はあっても、一度は同じことを考えた。

あれから長い年月が経過した。私たちはこの課題を達成することができたのだろうか。二〇〇五年に反日デモが起きたことを想起すれば、この課題は依然として今日的な課題であることがわかる。あるいは、戦後の日本がこの課題を達成していれば、反日デモは起きなかったはずだ、と言い換えてもよい。私たちは、ナショナリズムが対立ではなく、協力へと向かう外交関係を作り出さなくてはならない。そのためにはまず私たち日本の側から率先して、意識のレベルでも制度のレベルでも、差別撤廃を実現できたか、自己点検する必要がある。

第三は、公的利益を実現する新しい政治システムを構築することである。戦時下の日本国民は、兵士も労働者も農民も女性も、戦争に協力することによって、国内の平準化、平等化、民主化が進むことに賭けた。国民は目をつぶって賭けたのではない。よく目を見開いて、国民が賭け金を置いたのは、政党勢力だった。

ところが政党勢力が自己革新を遂げる前に、国家は国民を総動員体制に組み込んだ。軍部や日本主義者、超国家主義者などの侵略戦争の推進勢力が国内「革新」を推進することになる。ここに社会システムの不調が著しくなった。

社会システムの不調を調整したのは、日本の敗戦である。占領軍が侵略戦争の推進勢力を強制的に排除したからである。それでは戦後の日本は、戦時中の理想を実現することができたのか。公的利益、全体のための新しい国内体制は、確立しなかった。敗戦によって、日本は一九二〇年代に回帰した。戦前の二大政党制の問題を解決することなく、戦後は保守一党優位体制を選択した。国民は、公的利益を見失い、私的利益の追求に専念した。それから半世紀以上を経て、今、戦後日本をリードしてきた〈自由主義〉の限界が明らかになっている。

そうだとすれば、私たちが果たすべき政治的責任は、日本の社会民主主義を担う政治的リベラルを育成し、保守勢力との間で複数政党制を確立することである。この新しい政党政治の下で、日本は排他的な地域主義ではなく、日中提携を国際協調のなかに埋め込み、新しいアジアの地域国際秩序を構築すべきである。

以上のような政治的責任を果たすことが、日中戦争の戦争責任と同時に、アジア諸国に対する戦後責任を果たすことでもある。私たちは、この重い責任を果たすことによって、日本を国際社会から信頼される国に作り変えていかなくてはならない。

注

1. 山田風太郎『戦中派虫けら日記』（ちくま文庫、一九九八年）四八三頁。
2. 高見順『敗戦日記』（中公文庫、二〇〇五年）二七頁。
3. 同前書、二七～二八頁。
4. 中村稔『私の昭和史』（青土社、二〇〇四年）一八七～一八八、一九三～一九四、二〇〇頁。
5. ジョン・ダワー（三浦陽一・高杉忠明訳）『敗北を抱きしめて　上』（岩波書店、二〇〇一年）二四八～二四九頁。
6. この点について詳しくは、酒井哲哉「『東亜協同体論』から『近代化論』へ」（『年報政治学1998』岩波書店、一九九九年）参照。
7. 矢部貞治『矢部貞治日記　銀杏の巻』（読売新聞社、一九七四年）八六九頁。
8. 同前書、八七三頁。
9. 轟孝夫「戦後の『京都学派』像」（大橋良介編『京都学派の思想』人文書院、二〇〇四年）七一頁。
10. 古川ロッパ『古川ロッパ昭和日記・戦後篇』（晶文社、一九八八年）二二頁。
11. 同前書、二四頁。
12. 同前書、一六八頁。
13. 同前書、三六四頁。
14. 同前書、四六九頁。

参考文献

赤澤史朗・北河賢三・由井正臣編『資料日本現代史　13　太平洋戦争下の国民生活』（大月書店、一九八五年）
『朝日新聞戦前紙面データベース』（朝日新聞社、二〇〇二年）
阿部博行『石原莞爾――生涯とその時代　下』（法政大学出版局、二〇〇五年）
雨宮昭一『戦時戦後体制論』（岩波書店、一九九七年）
粟屋憲太郎『昭和の歴史　第6巻』（小学館文庫、一九八八年）
粟屋憲太郎・茶谷誠一編集・解説『日中戦争　対中国情報戦資料　第二巻　昭和一三年』（現代史料出版、二〇〇〇年）
粟屋憲太郎・茶谷誠一編集・解説『日中戦争　対中国情報戦資料　第三巻　昭和一四年』（現代史料出版、二〇〇〇年）
伊藤隆『近衛新体制』（中公新書、一九八三年）
伊藤隆・廣橋眞光・片島紀男編『東條内閣総理大臣機密記録』（東京大学出版会、一九九〇年）
伊藤隆ほか編『高木惣吉　日記と情報　上』（みすず書房、二〇〇〇年）
井上寿一「国際協調・地域主義・新秩序」（安田浩ほか編『シリーズ日本近現代史　3』岩波書店、一九九三年）
井上寿一『アジア主義を問いなおす』（ちくま新書、二〇〇六年）
今井武夫『支那事変の回想』（みすず書房、一九六四年）

内田樹『ためらいの倫理学』(角川文庫、二〇〇三年)
大橋良介『京都学派と日本海軍』(PHP新書、二〇〇一年)
岡本哲志『銀座四百年』(講談社選書メチエ、二〇〇六年)
小熊英二『〈日本人〉の境界』(新曜社、一九九八年)
小熊英二『〈民主〉と〈愛国〉』(新曜社、二〇〇二年)
尾崎秀実『尾崎秀実著作集　第三巻』(勁草書房、一九七七年)
大佛次郎『大佛次郎　敗戦日記』(草思社、一九九五年)
小尾俊人編『現代史資料　2　ゾルゲ事件　第二』(みすず書房、一九六二年)
外務省記録(外務省外交史料館所蔵)「参考資料関係雑件/北支那文化工作に関する意見」
加瀬和俊「戦時経済と労働者・農民」(『岩波講座　アジア・太平洋戦争2』岩波書店、二〇〇五年)
加藤典洋・橋爪大三郎・竹田青嗣『天皇の戦争責任』(径書房、二〇〇〇年)
加藤陽子「総力戦下の政—軍関係」(『岩波講座　アジア・太平洋戦争2』岩波書店、二〇〇五年)
神田文人編『資料日本現代史　7　産業報国運動』(大月書店、一九八一年)
国策研究会編『戦時政治経済資料　第一巻』(原書房、一九八二年)
今和次郎・吉田謙吉編著『考現学採集(モデルノロヂオ)』(復刻版、学陽書房、一九八六年)
蔡徳金編(村田忠禧ほか訳)『周仏海日記』(みすず書房、一九九二年)
酒井哲哉「『東亜協同体論』から『近代化論』へ」(『年報政治学1998』岩波書店、一九九九年)
櫻本富雄『文化人たちの大東亜戦争』(青木書店、一九九三年)
参議院事務局編『貴族院秘密会議事速記録集』(大蔵省印刷局、一九九五年)
衆議院事務局編『帝国議会衆議院秘密会議事速記録集(一)』(大蔵省印刷局、一九九六年)

衆議院事務局編『帝国議会衆議院秘密会議事速記録集（二）』（大蔵省印刷局、一九九六年）
ジョン・ダワー（三浦陽一・高杉忠明訳）『敗北を抱きしめて　上』（岩波書店、二〇〇一年）
新明正道『東亜協同体の理想』（日本青年外交協会出版部、一九三九年）
高綱博文編『十五年戦争極秘資料集　補巻19　日本占領下上海における日中要人インタビューの記録』（不二出版、二〇〇二年）
高橋亀吉『戦時経済統制の現段階と其前途』（千倉書房、一九三八年）
高見順『敗戦日記』（中公文庫、二〇〇五年）
竹内洋・佐藤卓己編『日本主義的教養の時代』（柏書房、二〇〇六年）
土井章監修・大久保達正ほか編『昭和社会経済史料集成　第十巻』（大東文化大学東洋研究所、一九八五年）
土井章監修・大久保達正ほか編『昭和社会経済史料集成　第十一巻』（大東文化大学東洋研究所、一九八六年）
轟孝夫「戦後の『京都学派』像」（大橋良介編『京都学派の思想』人文書院、二〇〇四年）
戸部良一『ピース・フィーラー』（論創社、一九九一年）
内務省警保局保安課『特高月報』
中井英夫『中井英夫戦中日記』（河出書房新社、二〇〇五年）
中村隆英『昭和史　I』（東洋経済新報社、一九九三年）
中村稔『私の昭和史』（青土社、二〇〇四年）
橋本寿朗『現代日本経済史』（岩波書店、二〇〇〇年）
坂野潤治「序論　西欧化としての日本近現代史」（東京大学社会科学研究所編『現代日本社会　第四巻　歴史的前提』東京大学出版会、一九九一年）
坂野潤治『昭和史の決定的瞬間』（ちくま新書、二〇〇四年）

火野葦平『土と兵隊・麦と兵隊』（新潮文庫、一九五三年）
平野健一郎「満州国協和会の政治的展開」（『年報政治学1972』岩波書店、一九七三年）
藤井忠俊『国防婦人会』（岩波新書、一九八五年）
藤原彰『中国戦線従軍記』（大月書店、二〇〇二年）
古川隆久「戦時議会と戦後議会」（『岩波講座　アジア・太平洋戦争2』岩波書店、二〇〇五年）
古川ロッパ『古川ロッパ昭和日記・戦前篇』（晶文社、一九八七年）
古川ロッパ『古川ロッパ昭和日記・戦中篇』（晶文社、一九八七年）
古川ロッパ『古川ロッパ昭和日記・戦後篇』（晶文社、一九八八年）
『兵隊』（復刻版、刀水書房、二〇〇四年）
細川護貞『細川日記　上』（中公文庫、一九七九年）
前田義雄『どこまで行くか日支事変―白鳥公使の戦局観―』（東京朝野新聞出版部、一九三七年）
升味準之輔『日本政党史論　第7巻』（東京大学出版会、一九八〇年）
町田忍編著『戦時広告図鑑』（WAVE出版、一九九七年）
三國一朗『戦中用語集』（岩波新書、一九八五年）
御厨貴『政策の総合と権力』（東京大学出版会、一九九六年）
南博編集代表『近代庶民生活誌　第九巻　恋愛・結婚・家庭』（三一書房、一九八六年）
矢部貞治『矢部貞治日記　銀杏の巻』（読売新聞社、一九七四年）
山田風太郎『戦中派虫けら日記』（ちくま文庫、一九九八年）
山田風太郎『戦中派不戦日記』（講談社文庫、二〇〇二年）
山中宏『私の戦時財界日誌』（東洋経済新報社、一九九〇年）

吉田裕・吉見義明編『資料日本現代史　10　日中戦争期の国民動員①』（大月書店、一九八四年）
吉見義明『草の根のファシズム』（東京大学出版会、一九八七年）
吉見義明・横関至編『資料日本現代史　4　翼賛選挙①』（大月書店、一九八一年）
吉見義明・吉田裕・伊香俊哉編『資料日本現代史　11　日中戦争期の国民動員②』（大月書店、一九八四年）
米谷匡史編『尾崎秀実時評集』（平凡社、二〇〇四年）
蠟山政道『東亜と世界』（改造社、一九四一年）
http://www.kekkon-navi.org/info/history.html

関連略年表

昭和一二(一九三七)年
七月　七日　盧溝橋事件
一〇月一二日　国民精神総動員運動始まる
一二月一三日　南京陥落、南京虐殺事件
一二月一五日　人民戦線事件

昭和一三(一九三八)年
一月一一日　厚生省発足
一月一六日　「国民政府を対手とせず」声明
四月　一日　国家総動員法公布
四月　二日　農地調整法公布
四月　六日　電力管理法公布
五月一九日　徐州占領
一〇月二一日　広東占領
一〇月二七日　武漢三鎮占領
一一月　三日　「東亜新秩序」声明

昭和一四(一九三九)年

一月　五日　平沼（騏一郎）内閣成立
八月二三日　独ソ不可侵条約
八月二八日　「欧州情勢は複雑怪奇」と声明し、平沼内閣総辞職
八月三〇日　阿部（信行）内閣成立
九月　一日　第二次欧州大戦始まる
一二月　六日　小作料統制令公布
一二月二六日　創氏改名の公布

昭和一五（一九四〇）年

一月一六日　米内（光政）内閣成立
二月　二日　斎藤隆夫「反軍演説」
三月三〇日　汪兆銘政権成立
七月二二日　第二次近衛（文麿）内閣成立
九月二七日　日独伊三国同盟
一〇月一二日　大政翼賛会発足

昭和一六（一九四一）年

七月一八日　第三次近衛（文麿）内閣成立
一〇月一八日　東条（英機）内閣成立
一二月　八日　真珠湾攻撃

昭和一七（一九四二）年

四月一八日　米軍機による日本本土初空襲（ドゥーリットル空襲）

四月三〇日　第21回総選挙（翼賛選挙）
六月　七日　ミッドウェー海戦敗北
昭和一八（一九四三）年
四月一八日　連合艦隊司令長官山本五十六搭乗機撃墜される（六月五日国葬）
五月二九日　アッツ島玉砕
一一月　六日「大東亜共同宣言」
昭和一九（一九四四）年
六月一九日　マリアナ沖海戦敗北
七月　七日　サイパン島玉砕
昭和二〇（一九四五）年
三月一〇日　東京大空襲
七月二六日　ポツダム宣言
八月　六日　広島へ原爆投下
八月　八日　ソ連の対日参戦
八月　九日　長崎へ原爆投下
八月一四日　ポツダム宣言受諾を決定

あとがき

この本を書きながら、「昭和戦中期の日本とは、今の日本のことではないか」と錯覚に陥ることがあった。赤木智弘「『丸山眞男』をひっぱたきたい　31歳フリーター。希望は、戦争。」（『論座』朝日新聞社、二〇〇七年一月号）を読んだ時のことである。

著者の赤木氏は挑発的な問題提起をおこなっている。日本社会の格差が拡大したのは、自分たちフリーターが社会の歪みを押しつけられたからである、と。赤木氏にとって、格差拡大社会のなかでの平和とは、不平等が一生つづくことを意味する。

ポストバブル世代の若者たちは、バブル世代から社会的な不利益の付けを回されている。このように考える赤木氏は、若者たちが不平等感の是正を求めて、「保守化」、「右傾化」していることを肯定する。「保守化」、「右傾化」の先に戦争が起きるかもしれない。戦争は社会の流動性を高める。そうなれば自分たちにチャンスが訪れる。

赤木氏は、戦争に期待する気持ちを表現するために、戦後の進歩派知識人を代表する丸山眞男の戦時中のエピソードを引用している。丸山は戦時中、東京帝国大学法学部助教授でありながら、徴兵されて陸軍二等兵として入隊する。丸山は軍隊内で、劣等意識をもつ社会的な身分の低い兵隊たちからむやみに殴られたという。赤木氏は、丸山を殴る側に立つ。赤木氏は言う。「戦争とは、現状をひっくり返して、『丸山眞男』の横っ面をひっぱたける立場にたてるかもしれないという、まさに希望の光なのだ」。

格差拡大社会の今日の日本において、戦争という手段に訴えてでも、下流階層から脱出し、平準化をめざす「31歳フリーター」は、昭和戦中期の日本国民の末裔にまちがいない。さらにインターネットの空間で、中国や韓国、北朝鮮などの隣国とバーチャルな戦争を戦っている人たちにとって、今はまさしく戦中期である。

私たちは、「ネット右翼」や、若者の「保守化」、「右傾化」の社会的な影響力を軽視してはならない。北朝鮮拉致問題やイラク人質事件の事例に明らかなように、国民世論は直接、外交と政治を動かしているからである。

このバーチャルな戦争の結果は、何をもたらすのか。本書から類推すれば、それは敗北である。下流階層が戦争に賭けた夢と希望は、打ち砕かれるだろう。現実とはそういうものである。

しかし、負けることがわかっているからといって、私は「賭けるな」、とやめさせる気持ちにはなれない。なぜならば、本書で、戦時下日本の国民の「顔」を見てしまったからだ。

彼ら彼女らの「顔」を見てしまった以上、私は戦時下日本の国民を侵略者、加害者として告発することができない。他方で、「英霊」として顕彰し、あるいは一方的な被害者、犠牲者として哀悼の意を捧げることもためらわれる。私にできることがあるとすれば、それは彼ら彼女らを記憶しつづけることである。

「汚れた死者を汚れたまま哀悼する」（加藤典洋『敗戦後論』講談社、一九九七年）。この言葉は、私にとってつぎのことを指している。「汚れた死者を汚れたまま」記憶しつづけながら、戦時下日本の兵士や労働者、農民、あるいは女性の夢や希望を、今日の日本において実現するために、何をすべきか考えることである。

この本を書く直接のきっかけとなったのは、戦後六〇年の年に戦争責任を検証する『中央公論』の連続企画に寄稿した「日中戦争　歴史の教訓を生かす術」（二〇〇五年一一月号）である。

戦争責任をめぐる議論に関して、私は長い間、違和感を持っていた。違和感とは、比喩的に言えば要するに、アジアの人たちを前にして、日本人である私が、別の日本人から「謝れ」と強制されることへの違和感である。

侵略された側の人たちからの謝罪要求であれば、私には私なりのやり方で謝罪をする準備がある。しかし、同じ日本人が謝罪を要求する戦争責任論の「正論」を受け入れることはできない。

『中央公論』編集部の麻生昭彦氏からの執筆依頼をきっかけとして、私はもう一度、この違和感を見詰めなおすことにした。

本文に引用したように、内田樹『ためらいの倫理学』から示唆を得て、私は〈反省の回路〉の複線化について、考えることを試みた。他方で、史料の読解をとおして、戦時下における日本国民の等身大の姿に接した私は、彼ら彼女らの姿を今の人たちに伝えたくなった。その結果をまとめたのが『中央公論』の論考である。

私はこの論考に手ごたえを感じることができた。構成案の段階で、麻生氏が「よく出来ています。三〇枚に収めるのはもったいないくらいです」とコメントして下さったからである。麻生氏のコメントを真に受けて、このテーマで一冊、書いてみたい気持ちになった。発表後、『朝日新聞』の論壇時評欄で、鶴見太郎氏に取り上げていただいたことも、励みになった。

ちょうどその時、講談社の井上威朗氏から、今時めずらしくも封書で（しかもなかには返信用のはがきが入っていた）、講談社選書メチエへの執筆依頼状をいただいた。もちろん即答した。

井上氏との打ち合わせは楽しかった。井上氏から知的刺激を受けて、テーマを深めることができたからである。

ところが井上氏がほどなくして他の担当セクションに異動となった。この企画はつぶれたのか、と落胆する間もなく、所澤淳氏に引き継いでいただいた。所澤氏は、少しでもうまく書けるとどこまでも有頂天になり、少しでも書けなくなると果てしなく落ち込む私の性格をよくご存知のようで、緩急をつけた巧みな手綱さばきによって、私を無事、ゴールまで導いて下さった。

テーマの重さから書きあぐねることもあったけれど、以上の方々のおかげで、一冊の本にすることができました。ありがとうございます。深く感謝申し上げます。

二〇〇七年六月　盧溝橋事件から七〇年目の年に

井上寿一

た

な

さ

索引

本書の原本『日中戦争下の日本』は、
二〇〇七年に小社より刊行されました。

井上寿一（いのうえ　としかず）

1956年生まれ。一橋大学社会学部卒業。同大学院法学研究科博士課程，学習院大学法学部教授などを経て，現在，学習院大学学長。法学博士。専攻は，日本政治外交史。主な著書に，『危機のなかの協調外交』(山川出版社，吉田茂賞)，『終戦後史 1945－1955』（講談社選書メチエ），『昭和の戦争』『戦争調査会』（ともに講談社現代新書）など多数。

講談社学術文庫

定価はカバーに表示してあります。

日中戦争《にっちゅうせんそう》　前線《ぜんせん》と銃後《じゅうご》

井上寿一《いのうえとしかず》

2018年7月10日　第1刷発行
2018年8月23日　第2刷発行

発行者　渡瀬昌彦
発行所　株式会社講談社
東京都文京区音羽 2-12-21 〒112-8001
電話　編集（03）5395-3512
販売（03）5395-4415
業務（03）5395-3615
装　幀　山田英春
印　刷　豊国印刷株式会社
製　本　株式会社国宝社
本文データ制作　講談社デジタル製作

ISBN978-4-06-512161-0

「講談社学術文庫」の刊行に当たって

これは、学術をポケットに入れることをモットーとして生まれた文庫である。学術は少年の心を養い、成年の心を満たす。その学術がポケットにはいる形で、万人のものになることは、生涯教育をうたう現代の理想である。

こうした考え方は、学術を巨大な城のように見る世間の常識に反するかもしれない。また、一部の人たちからは、学術の権威をおとすものと非難されるかもしれない。しかし、それはいずれも学術の新しい在り方を解しないものといわざるをえない。

学術は、まず魔術への挑戦から始まった。やがて、いわゆる常識をつぎつぎに改めていった。学術の権威は、幾百年、幾千年にわたる、苦しい戦いの成果である。こうしてきずきあげられた城が、一見して近づきがたいものにうつるのは、そのためである。しかし、学術の権威を、その形の上だけで判断してはならない。その生成のあとをかえりみれば、その根は常に人々の生活の中にあった。学術が大きな力たりうるのはそのためであって、生活をはなれた学術は、どこにもない。

開かれた社会といわれる現代にとって、これはまったく自明である。生活と学術との間に、もし距離があるとすれば、何をおいてもこれを埋めねばならない。もしこの距離が形の上の迷信からきているとすれば、その迷信をうち破らねばならぬ。

学術文庫は、内外の迷信を打破し、学術のために新しい天地をひらく意図をもって生まれた。文庫という小さい形と、学術という壮大な城とが、完全に両立するためには、なおいくらかの時を必要とするであろう。しかし、学術をポケットにした社会が、人間の生活にとってより豊かな社会であることは、たしかである。そうした社会の実現のために、文庫の世界に新しいジャンルを加えることができれば幸いである。

一九七六年六月

野間省一

福沢諭吉著（解説・小泉　仰）
明治十年丁丑《ていちゆう》公論・瘠我慢《やせがまん》の説

西南戦争勃発後、逆賊扱いの西郷隆盛を弁護した「丁丑公論」、及び明治維新における勝海舟、榎本武揚の挙措と出処進退を批判した「瘠我慢の説」他を収録。諭吉の抵抗と自由独立の精神を知る上に不可欠の書。

675

金達寿《キムタルス》著
日本古代史と朝鮮

地名・古墳など日本各地に現存する朝鮮遺跡や、記紀に見られる高句麗・百済・新羅系渡来人の足跡等を通して、密接な関係にあった日本と朝鮮の実像を探る。豊富な資料を駆使して描いた古代日朝関係史。

702

金達寿著
古代朝鮮と日本文化　神々のふるさと

高麗神社、百済神社、新羅神社など、日本各地に散在する神々は古代朝鮮と密接な関係があった。神社・神宮に関する文献や地名などを手がかりにその由来をたどり、古代朝鮮と日本との関わりを探る古代史への旅。

754

朝河貫一《あさかわかんいち》著（解説・由良君美）
日本の禍機《かき》

世界に孤立して国運を誤るなかれ――日露戦争後の祖国日本の動きを憂え、遠く米国からエール大学教授の朝河貫一が訴えかける。日米の迫間で日本への批判と進言を続けた朝河の熱い思いが人の心に迫る名著。

784

石村貞吉著（解説・嵐　義人）
有職故実《ゆうそくこじつ》（上）（下）

国文学、日本史学、更に文化史・風俗史研究と深い関係にある有職故実の変遷を辿った本書には官職位階・平安京及び大内裏・儀式典礼・年中行事・服飾・飲食・殿舎・調度輿車・甲冑武具・武技・遊戯等を収録。

800・801

直木孝次郎著
日本神話と古代国家

記・紀編纂の過程で、日本の神話はどのような潤色を加えられたか……。天孫降臨や三種の神宝、ヤマトタケルなどの具体例をもとに、文献学的研究により日本の神話が古代国家の歴史と形成に果たした役割を究明。

928

海舟語録
勝　海舟著／江藤　淳・松浦　玲編

晩年の海舟が奔放自在に語った歴史的証言集。官を辞してなお、陰に陽に政治に関わった勝海舟。ざっくばらんな口調で語った政局評、人物評は、冷徹で手厳しい。海舟の慧眼と人柄を偲ばせる魅力溢れる談話集。

1677

大久保利通
佐々木　克《すぐる》監修

明治維新の立て役者、大久保の実像を語る証言集。明治四十三年十月から新聞に九十六回掲載、好評を博す。明強い責任感、冷静沈着で果断な態度、巧みな交渉術など多様で豊かな人間像がゆかりの人々の肉声から蘇る。

1683

中世の非人と遊女
網野善彦著（解説・山本幸司）

専門の技能や芸能で天皇や寺社に奉仕した中世の職人の多様な姿と生命力をえがく。非人も清目を芸能とする職能民と指摘し、遊女、白拍手など遍歴し活躍した女性像を描いた網野史学の名著。

1694

日米戦争と戦後日本
五百旗頭《いおきべ》　真《まこと》著

日本の方向性はいかにして決定づけられたか。現代日本の原型は「戦後」にあるが、その大要は終戦前すでに定められていた。新生日本の針路を規定した米国の占領政策を軸に、開戦前夜から日本の自立までを追う。

1707

英国人写真家の見た明治日本　この世の楽園・日本
H・G・ポンティング著／長岡祥三訳

明治を愛した写真家の見聞録。写真百枚掲載。日本の美しい風景、精巧な工芸品、優雅な女性への愛情こもる叙述。浅間山噴火や富士登山の迫力満点の描写。スコット南極探検隊の様子を撮影した写真家の日本賛歌。

1710

関東軍　在満陸軍の独走
島田俊彦著（解説・戸部良一）

対中国政策の尖兵となった軍隊の実像に迫る。日露戦争直後から太平洋戦争終結までの四十年間、満州に駐屯した関東軍。時代を転換させた事件と多彩な人間群像を通して実証的に描き出す、その歴史と性格、実態。

1714